Go Vista
CITY GUIDE

D1727402

St. Petersburg

von Pia Thauwald

Pia Thauwald studierte Ökonomie in Magdeburg und BWL in Gießen. Jetzt lebt sie in Wetzlar und arbeitet als freie Autorin und Reisefotografin.

Schon früh verband sie ihre Neugier auf fremde Menschen und Kulturen mit dem Reisen und Fotografieren. Obwohl die Autorin schon viele Regionen der Erde kennengelernt hat, schlägt ihr Herz seit vielen Jahren für Russland. Das Beherrschen der russischen Sprache erleichtert ihr den Zugang zu den Menschen.

Im Vista Point Verlag erschien außerdem ihr Reiseführer Lettland.

www.vistapoint.de

Inhalt

Chronik

Service von A–Z und Sprachführer

Zeichenerklärung

Top 10
Das sollte man gesehen haben

Mein St. Petersburg
Lieblingsplätze der Autorin

Vista Point
Museen, Galerien, Architektur und andere Sehenswürdigkeiten

Kartensymbol: Verweist auf das entsprechende Planquadrat der ausfaltbaren Karte bzw. der Detailpläne im Buch.

Willkommen in St. Petersburg

St. Petersburg ist die nördlichste Millionenstadt der Welt. Ihre Geschichte ist noch jung und spiegelt doch die Höhen und Tiefen der russischen Geschichte vom 18. bis zum 20. Jahrhundert wider. Anders als Moskau entstand die Stadt, die 2003 ihren 300. Geburtstag feierte, auf dem Reißbrett, nach einem einheitlichen, städtebaulich durchdachten Plan. Nur der Ort, der einmal St. Petersburg werden sollte, war denkbar ungünstig gewählt. Ohne Rücksicht auf Verluste ließ Peter I. eine Festung auf der morastigen Haseninsel errichten. Tausende Leibeigene und Zwangsarbeiter mussten unter größten menschlichen Opfern Zehntausende hölzerne Pfähle in den sumpfigen Boden rammen, um die Peter-Paul-Festung zu erbauen und damit den direkten Zugang zur Ostsee zu sichern. Selbst Fürst Menschikow, ein Vertrauter des Zaren, soll gesagt haben: »Dies ist kein Ort für Menschen. Menschen sind keine Fische, die im Wasser leben«. Dennoch setzten ausländische Architekten, Ingenieure und Künstler

Mit dem Bau des Katharinenpalastes südwestlich von St. Petersburg schuf Hofbaumeister Bartolomeo Francesco Rastrelli im Auftrag von Zarin Elisabeth I. einen der schönsten Barockpaläste Europas

den Traum des Zaren von einem »Fenster zum Westen« in die Realität um. Die Stadt an der Newa-Mündung entwickelte sich rasch und wurde zum eleganten, beeindruckenden Zentrum des russischen Reiches.

Auch heute braucht sie den Vergleich mit dem dynamischen Moskau nicht zu scheuen. Das »Venedig des Nordens« mit seinen zahlreichen Kanälen, Flussarmen und den mehr als 40 Inseln ist von einem 300 Kilometer langen Wassernetz durchzogen. Mit seiner außergewöhnlichen Schönheit wurde es längst zur Kulturhauptstadt des Landes. St. Petersburg zieht seine Gäste mit den gewaltigen Kunstsammlungen der Eremitage, den prunkvollen Sälen des Winterpalastes, den mehr als 200 Palästen und Museen, den »Weißen Nächten« zur Sommersonnenwende, den klirrendkalten Wintertagen und dem Flair der alten Zarenstadt in seinen Bann. Die moderne Metropole verführt nicht nur Kunst-, Kultur- und Geschichtsinteressierte – sie verlockt auch zum Shoppen und zum Ausgehen. Trotz unübersehbarer sozialer Gegensätze einer sich rasch entwickelnden Großstadt gibt es viel Spannendes, Schönes und Verblüffendes zu entdecken.

Top 10: Das sollte man gesehen haben

 Issakskathedrale
S. 11 f., 41 f. ⇒ aD2
Die beeindruckende Kathedrale ist einer der größten sakralen Kuppelbauten der Welt. Die goldenen Kuppeln dominieren die Silhouette der Stadt und gewähren einen herrlichen Blick auf St. Petersburg.

 Schlossplatz
S. 15 f., 50 ⇒ D/E5
Mit diesem Platz um die Alexandersäule, Zeuge historischer Augenblicke vom »Blutsonntag« bis zur Oktoberrevolution, ist dem Stararchitekten Carlo Rossi sein Meisterstück gelungen.

 **Eremitage**
S. 22 ff., 33 ⇒ aB3
Ein Mekka für Kunstliebhaber. Mit etwa 3. Mio. Exponaten gehört sie neben dem Louvre in Paris und dem Metropolitan in New York zu den größten Kunstmuseen der Welt.

 Newski Prospekt
S. 16 ff., 49 ⇒ E5-H11
Am Boulevard mit den etwa 200 Prachtbauten schlägt der Puls der Stadt. Hier kann man flanieren, shoppen, staunen, im Café sitzen und das Treiben beobachten.

 Christi-Auferstehungskirche
S. 18, 41 ⇒ aC5
Die einzige St. Petersburger Kirche mit den typisch altrussischen

Zwiebeltürmen erinnert an die Basiliuskathedrale in Moskau. Sie wurde an der Stelle erbaut, an der der Vater von Zar Alexander III. Opfer eines Attentats wurde.

 Russisches Museum
S. 19, 38 ⇒ aC5
Die »Schatzkammer Russlands« präsentiert Jahrhunderte russischer Kunstgeschichte von Ikonenmalerei über sowjetischen Realismus bis zu zeitgenössischen Künstlern.

 Peter-Paul-Festung
S. 24 ff. ⇒ B/C5
Die Grundsteinlegung der Festung auf der »Haseninsel« ist zugleich Gründungsdatum der Stadt St. Petersburg. Sie ist das historische Zentrum und Grabstätte der Zaren.

 Peterhof
S. 27 f., 45 f. ⇒ bC2
Die Sommerresidenz des Zaren, auch »russisches Versailles«, fasziniert mit mehr als 140 Fontänen und Brunnen, einem prächtigen Park am Meer und einem prunkvollen Barockpalast.

 Puschkin (Zarskoje Selo)
S. 29 f., 44 f. ⇒ bE4
Hauptattraktion im Katharinenpalast ist das (nachgebildete) legendäre Bernsteinzimmer. Der herrliche Palast steht in einem zauberhaften Park mit Pavillons und Kapellen.

Klosterfriedhöfe am Alexander-Newski-Kloster

S. 51 ➡ H11

Der Tichwiner und der Lazarus-Friedhof sind die ältesten Friedhöfe St. Petersburgs. Hier befinden sich die Ruhestätten berühmter Persönlichkeiten der Stadt; auch die Gräber des Architekten Carlo Rossi und des Universalgelehrten Michail Lomonossow.

Mein St. Petersburg
Lieblingsplätze der Autorin

Liebe Leser,

nachfolgend habe ich einige besonder Orte in St. Petersburg aufgeführt, an die ich gerne zurück denke, weil ich dort eine schöne Zeit verbracht habe.

Auch Ihnen wünsche ich einen erlebnisreichen Aufenthalt in St. Petersburg und hoffe, dass Sie die Stadt genauso ins Herz schließen werden wie ich.

Pia Thauwald

 Mariinski-Theater

S. 61 f. ➡ G3

Im Mariinski-Theater kann man die wahrscheinlich schönsten Operninszenierungen und Aufführungen von Tschaikowski-Balletten sehen. Anmut und Schönheit werden Sie faszinieren.

 Sommergarten Letni Sad

S. 50 f. ➡ C/D7

Im ältesten und schönsten Park der Stadt, indem einst der Adel flanierte, können Sie dem Rummel der Metropole entkommen und Ruhe finden umgeben von 89 beeindruckenden Marmorstatuen venezianischer Meister.

 Ladengalerie Passasch

S. 64 ➡ F7

Zwar ist Gostini Dwor das größte Kaufhaus St. Petersburgs, aber Passasch ist das schönste. In einem kleinen Antiquitätenladen finden Sie mit etwas Glück originale Stücke.

 Jelissejew

S. 47, 64 ➡ aD6

In diesem feinen Delikatessengeschäft beeindruckt das Flair der vorletzten Jahrhundertwende. Durch die schönen Jugendstilfenster fällt das Licht auf die immer volle Theke.

 Club Purga

S. 59 ➡ H5

Im einzigartigen und sehr beliebten Club »Purga« können Sie jeden Tag das traditionelle russische Neujahrsfest feiern. Es macht einen Riesenspaß in diesem skurilen Ambiente Teil eines perfekt inszenierten Events mit Sekt, leckerem Essen, Geschenken und Präsidentenansprache im Fernsehen zu sein.

»Man gebe mir nur irgendetwas, auf irgendeinem Kontinent, das St. Petersburg gleicht, und mein Herz wird schmelzen.«
Wladimir Nabokov

Stadttour

Ein Rundgang durch St. Petersburg

Vormittag: Newa-Ufer, Paläste und Plätze
Mariinski-Theater – Nikolaus-Marine-Kathedrale
– Isaaksplatz– Marienpalast – Isaakskathedrale –
Dekabristenplatz – Senat und Synod – Admiralität
– Schlossplatz – Winterpalast/Eremitage – General-
stabsgebäude – Triumphbogen – Newski Prospekt.

Mittag: Literaturnoje Kafe
Newski prospekt 18, tägl. 11–1 Uhr
Dieses Café besuchte der Dichter Puschkin vor seinem todbringenden
Duell im Jahr 1837.

Nachmittag: Newski Prospekt, Kaufhäuser und Kirchen
Palais Stroganow – Petri-Kirche – Kasaner Kathedrale – Singer-Haus

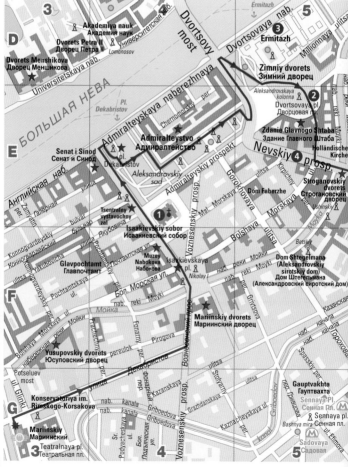

– Christi-Auferstehungskirche – Platz der Künste – Gostini-Dwor (Kaufhaus und Metrostation) – Ostrowski-Platz – Rossi-Straße – Lomonossow-Platz – Saltykow-Schtschedrin-Bibliothek – Anitschkow-Palast – Scheremetjew-Palast – Ingenieursschloss.

Peter der Große und seine Nachfolger holten sich die besten Architekten zum Aufbau von St. Petersburg in die Stadt. Dadurch ist auf dem ehemaligen Sumpfgebiet, seit der Gründung im Jahr 1703, eine einzigartige Stadt im Norden Russlands entstanden, die nicht zu unrecht den Ruf als »Architekturmuseum unter freiem Himmel« innehat. Lassen Sie sich beeindrucken!

Wir beginnen unseren Stadtrundgang am Theaterplatz, beim berühmten 🕯 **Mariinski-Theater** ➡ G3 (in Sowjetzeiten »Kirow-Theater« genannt), einem der ältesten und größten Theater Russlands. Benannt ist es nach Maria, der Gattin Zar Alexanders II. Die Geschichte des Hauses reicht bis ins Jahr 1783 zurück. In seiner heutigen Form präsentiert

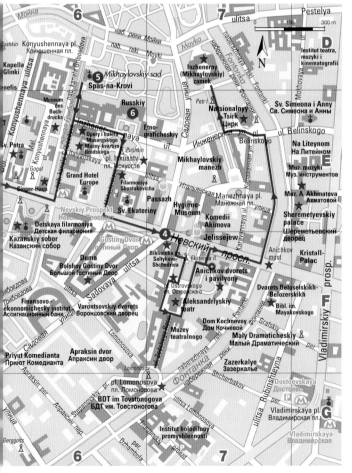

Zarenloge im Mariinski-Theater

es sich seit 1859. Im Jahr darauf wurde hier die erste russische Oper, »Ein Leben für den Zaren«, von Michael Glinka aufgeführt. Hier wurden die Opern aller großen russischen Komponisten gespielt und weltberühmte Ballettstars wie Anna Pawlowa, Wazlaw Nijinski, Rudolf Nurejew und Michail Baryschnikow zeigten ihr Können. Einer der besten Dirigenten der Welt, Walery Georgiew, ist der Chefproduzent des Theaters und eine der umjubeltsten Tänzerinnen, Diana Nischnewa, ist fest engagiert. Das Haus mit den ca. 1700 Sitzplätzen ist fast jeden Tag ausverkauft. Erstklassige Operninszenierungen in Originalsprache, sowie russisches Ballett auf höchstem Niveau locken Gäste aus der ganzen Welt an.

In der unmittelbaren Umgebung des Theaterplatzes ist in südlicher Richtung die **Nikolaus-Marine-Kathedrale** ➡ H3/4 (Nikolski Morskoj So-bor) zu sehen. Die blau-weiße russisch-orthodoxe Barockkirche wurde zwischen 1753 und 1762 vom Architekten Sawa Tschewakinski, einem Schüler Bartolomeo Rastrellis, entworfen und dem Schutzheiligen der Seefahrer gewidmet. Kein Wunder, steht sie doch an der Ecke Krjuko-wa- und Gribojedow-Kanal, in einem Viertel, in dem früher größtenteils Beschäftigte der Admiralität und Matrosen wohnten. Der Sakralbau der Kirche hat eine barocke Fassade und fünf herrlich strahlende vergoldete Kuppeln. Diese verdanken ihren neuen Glanz den treuen Gemeindemit-gliedern, die bereit waren, für neue Goldauflagen zu spenden. In der Kathedrale sind zahlreiche Goldarbeiten und Ikonen zu bewundern.

Vom Theaterplatz geht es in nordöstlicher Richtung die Dekrab-ristow Uliza entlang bis zur Kreuzung Wosnesenski Prospekt und dann links zum **Isaaksplatz** ➡ aD2 (Isaakijewskaja Ploschtschad). In den 30er- und 40er-Jahren des 19. Jahrhunderts wurde auf dem Platz Markt abgehalten. Sein heutiges Antlitz verdankt er den Ende des 19. und Anfang des 20. Jahrhunderts entstandenen Bauten. Die Straßen-

Michael Glinka (1804–57) studierte am Adelsinstitut in St. Peters-burg und später in Berlin bei Siegfried Dehn. Dieser machte ihn mit den Werken Bachs und der Wiener Klassik vertraut. Auf einer Italienreise lernte er Donizetti und Bellini kennen, deren Werke ihn sehr inspirierten. Am 27.11.1836 wurde sein erstes großes Werk, die Oper »Ein Leben für den Zaren«, aufgeführt. Sie gilt als Beginn einer nationalen russischen Musik.

namen Bolschaja Morskaja und Malaja Morskaja (Große und Kleine Marine-straße) erinnern noch an die frühere Handwerker- und Schiffbauersiedlung in der Nachbarschaft. Dort wohnten die Arbeiter, die in der nahe gelege-nen Werft, der Admiralität, die Schiffe bauten. Die Ostseite des weiten Platzes ziert das Hotel »Astoria«, das 1914 von Fjodor Lawal erbaut wurde. Es ist eine der feinsten Hoteladressen der Stadt. In Platzmitte steht das Reiterstandbild Zar Nikolaus I.

Die Südseite des Platzes ziert der **Marienpalast** ➡ aE2, dessen Namenspatin die Großfürstin Maria Nikolajewna, ei-ne Tochter Nikolaus' I., war. Heute ist in dem 1839 bis 1844 von Andrej Schta-kenschneider erbauten Palast das Rat-haus von St. Petersburg untergebracht. Die Hauptfassade mit ihrer schönen Ar-

Léon Bakst entwarf das Kos-tüm für Wazlaw Nijinski im Ballett »L'Après-midi d'un faune« nach Claude Debussy 1912

kade ist ein wahrer Augenschmaus. Der Palast beeindruckt auch in seinem Inneren, denn gemäß den Ansprüchen des Hochadels wurde an nichts gespart und so gibt es etliche Prunkräume wie die Rotunde und einen Konzertsaal zu besichtigen.

Zwischen Palast und Denkmal führt die **Blaue Brücke** ➡ aE2, deren blauer Unterbau ihr den Namen verlieh, über den Fluss Moika. Sie ist zwar mit ihren 97 Metern die breiteste der Stadt und auch der Welt, aber mit nur 35 Metern Länge kaum als eine Brücke zu erkennen.

Das absolute Highlight am Isaaksplatz ist aber mit Sicherheit die in den Augen vieler St. Petersburger schönste Kirche der Stadt, die ❶ **Isaakskathedrale** ➡ aD1/2 (Isaakijewski sobor). Sie ist der drittgrößte sakrale Kuppelbau der Welt: Mit 4000 Quadratmetern Fläche bietet sie Platz für 14 000 Menschen, bei einer Höhe von 102 Metern. Erbaut wurde sie nach Plänen des Architekten Auguste Montferrand (1810–58) im Auftrag von Zar Alexander I. Blickfang der aus rotem Granit und grauem Marmor errichteten Kathedrale ist die imposante mattgol-

Die goldene Kuppel der Isaakskathedrale von der Newa aus gesehen

Nikolai Wassiljewitsch Gogol (1809–52) lernt als Geschichtslehrer an einer Privatschule für Mädchen Alexander Puschkin kennen. Dieser weist ihm den Weg in die russische Literatur. Er beginnt selbst zu schreiben und feiert mit »Die Abende auf einem Weiler bei Dikanka« einen überraschenden Erfolg. 1834 wird er Professor am Lehrstuhl für Allgemeine Geschichte an der St. Petersburger Universität. Viele Anregungen für weitere große Werke stammen von seinem Freund Puschkin. 1848 geht er auf Wallfahrt nach Palästina und gerät unter den Einfluss eines entrückten Priesters; er stirbt an den Folgen übermäßigen Fastens im Alter von nur 42 Jahren.

dene Kuppel mit einem Durchmesser von 26 Metern. Geweiht wurde das Gotteshaus dem heiligen Isaak von Dalmatien, dessen Feiertag mit dem Geburtstag Peters des Großen zusammenfällt. Wegen des schönen Rundblicks, sollten Sie den Aufstieg zur ersten Säulengalerie (262 Stufen) nicht scheuen. Vielleicht genau das Richtige nach einem opulenten Frühstück im Hotel! Der Innenraum der Kathedrale ist üppig mit verschiedensten Mineralien, zahlreichen Marmorarten und Halbedelsteinen ausgeschmückt. Er beherbergt eine große Zahl von Bildern, Skulpturen und Mosaiken der besten Künstler der damaligen Zeit (z.B. Peter Klodt und Joseph-Henri Lemaire).

Westlich der Isaakskathedrale liegt die **Manege** ➡ aD1 (Zentralnij Wistawochni), frühere Reitschule (1804–07), entworfen von einem der bekanntesten europäischen Architekten seiner Zeit, Giacomo Quarenghi. Sie wird heute für Ausstellungen zeitgenössischer Künstler genutzt.

Von der Isaakskathedrale geht es nun weiter zum **Dekabristenplatz** ➡ aC1 (Ploschtschad Dekabristow), der in nördlicher Richtung direkt an den Isaaksplatz grenzt. Der Name des Platzes erinnert an den Aufstand junger Offiziere im Dezember (russ. *dekabr*) 1825, die sich weigerten, dem reaktionären Nikolaus I., dem Nachfolger des liberaleren Alexanders auf dem Zarenthron, den Treueid zu schwören. Der Aufstand wurde mit Waffengewalt beantwortet und schließlich blutig niedergeschlagen. Es folgten Hinrichtungen und Verbannungen nach Sibirien.

In der Platzmitte erhebt sich das von Etienne Maurice Falconet 1766–78 erschaffene **Peter-Denkmal** ➡ aC1. Die Petersburger nennen das Reiterstandbild seit 1833 den »Ehernen Reiter«. Es zeigt den visionären Zaren auf einem sich aufbäumenden Pferd. Die rechte Hand des Herrschers weist selbstbewusst in die Zukunft, und das Pferd zertritt mit den Hinterbeinen eine Schlange, als Sinnbild für den Sieg über innere und äußere Feinde. Die Reiterfigur steht auf einem 1600 Tonnen schweren Granitsockel. Die Auftraggeberin, Katharina die Große, widmete es 1782 mit einer Inschrift Peter I.

Die Westseite des Platzes zieren zwei imposante klassizistische Gebäude, **Senat** ➡ aC1 und **Synod** ➡ aC1. Beide Gebäude, die letzten bedeutenden Werke Carlo Rossis, sind über einen Triumphbogen miteinander verbunden. Der italienisch-russische Architekt Rossi (1775–1849) erschuf große Teile der klassizistischen Bauten im Stadtzentrum von St. Petersburg. Seine Mutter war eine italienische Tänzerin, und da sein Vater unbekannt war, kursierten immer wieder Gerüchte, dass es Zar Paul I. sei. Zu Beginn des 19. Jahrhunderts bereiste Rossi Italien, arbeitete danach bis 1816 in Moskau und verewigte sich mit prächtigen Bauwerken bis zu seinem Tod in St. Petersburg.

Die Skulpturengruppe »Gerechtigkeit und Frömmigkeit« soll symbolisch die Einheit von weltlicher und geistlicher Macht darstellen. Seit 1955 ist in den Gebäuden das Zentrale Historische Archiv untergebracht.

In östlicher Richtung spazieren Sie durch den Alexandergarten an der Südfassade der **Admiralität** ➔ aC2 (Admiralitejstwo) entlang. Der Park wurde um 1870 angelegt und ist ein beliebter Freizeitort für Jung und Alt. Er beherbergt Denkmäler und Büsten,

Eine der Rostra-Säulen an der Ostspitze der Wassilij-Insel

Kleiner Abstecher auf die **Wassilij-Insel**: Die zwischen 1805–10 von Thomas de Thomon errichtete frühere Börse beherbergt heute das **Marinemuseum** (Voenno-morskoy Musej). Das tempelartige Gebäude ziert ein prächtig angelegter Vorplatz mit zwei dunkelroten ehemaligen Leuchttürmen, den rund 34 Meter hohen, so genannten Rostra-Säulen, als Blickfang. Ihren Namen verdanken die Säulen ihrer Verzierung mit Schiffsschnäbeln (lateinisch: rostrum). Die Skulpturen am Granitsockel symbolisieren die vier großen Flüsse Russlands: Dnjepr, Newa, Wolga und Wolchow. In südlicher Richtung vom Börsenplatz liegt die ehemalige Kunstkammer (D4), die heute das **Museum für Anthropologie und Ethnographie** sowie das **Lomonossow-Museum** beherbergt. Die Riege der Prachtbauten am Universitätskai wird fortgesetzt durch die Akademie der Wissenschaften und Akademie der Künste. Letzterer frühklassizistischer Prachtbau wurde 1764–88 von Valentin de la Mothe auf Geheiß Katharinas der Großen errichtet.

Blick über die Newa auf die Wassilij-Insel und die Akademie der Wissenschaften

Pferdekutschen am Eremitage-Kai

unter anderem vom Komponisten Glinka und den bekannten Schrift-
stellern Nikolai Gogol und Michail Lermontow.

Die Admiralität wurde gleich nach der Stadtgründung als befestigte
Werft gebaut (1704–11). Bereits zwei Jahre nach der Fertigstellung
konnte das erste russische Kriegsschiff vom Stapel laufen. Zu Beginn
des 19. Jahrhunderts verlor die Werft dann ihre militärische Bedeutung
und der berühmte russische Architekt Andrej Sacharow wurde mit dem
Umbau Anlage in ein repräsentatives Gebäude beauftragt, das mit
dem prunkvollen Erscheinungsbild von Palästen und breiten Straßen
in der unmittelbaren Umgebung mithalten sollte. Der Umbau dauerte insgesamt 17 Jahre (1806–23) und ist durchaus diesen Ansprüchen
gerecht geworden. Architektonischer Mittelpunkt der im klassizistischen Stil gehaltenen Admiralität ist ein weithin sichtbarer Turm (72 m
hoch) mit einer vergoldeten Spitze. Die fast verschwenderisch verzierte
Hauptfassade des U-förmigen
Gebäudes hat eine Länge von
400 Metern.

*Zu den Highlights der Eremitage zählt
Leonardo da Vincis »Stillende Madonna« oder »Madonna Litta« (um 1490/91)*

Weiter geht es entlang der
nordöstlichen Fassade der Admiralität, links den Dwortsowy
Prospekt hinunter, bis an die
Uferpromenade der Newa.
Bei schönem Wetter ist der
Blick auf die gegenüberlie-
gende **Wassilij-Insel**, das Wis-
senschaftszentrum der Stadt,
besonders sehenswert.

Die östliche Spitze der Insel
mit der **Börse** ➡ aA2 und den
Rostra-Säulen ➡ aA2 wird von
den Petersburgern liebevoll
»Strelka« (»Zünglein«) genannt. Die Strelka teilt hier
die Newa in die Große und die
Kleine Newa.

Weiter geht es, weg von der Newa-Promenade und südwärts durch eine kleine Grünanlage, zwischen dem Dwortsowy Prospekt und der Westseite des Winterpalastes, zum nahen ❷ **Schlossplatz** ➡ aC3 (Dwortsowaja Ploschtschad) – einem der bedeutendsten Plätze der Welt. Zu den bestimmenden Gebäuden gehört der vom Florentiner Architekten Rastrelli für Elisabeth I. erbaute barocke **Winterpalast** ➡ aB3 im Norden. Heute ist hier und in den angrenzenden Gebäuden mit der ❸ **Eremitage** ➡ aB3 (Ermitasch) eines der berühmtesten und größten Museen der Welt untergebracht. Die Dimensionen sind gigantisch: mehr als 400 prachtvolle Säle mit über drei Millionen Ausstellungsstücken von der Steinzeit bis zur Gegenwart; darunter Leonardo da Vinci, Paul Cézanne, Lucas Cranach, Pablo Picasso, Claude Monet und Vincent van Gogh. Zu dem Gebäudekomplex der Eremitage zählt auch das **Eremitage-Theater** ➡ aB3/4. Es ist von der **Alten Eremitage** ➡ aB3/4 durch den Winterkanal getrennt. Das Theater für klassische Musik, Oper und Ballett ist das älteste und kleinste Theater St. Petersburgs. Es wurde unter Katharina der Großen von 1783–87 vom italienischen Architekten Giacomo Quarenghi (1744–1817) erbaut und war ursprünglich nur für Privatvorführungen der Zarenfamilie gedacht. Nach der Eröffnung des edlen Hoftheaters wurde dort das ganze europäische und russische Repertoire des 18. Jahrhunderts aufgeführt. Nach dem Tod von Katharina der Großen wurde das Theater 1796 stillgelegt; Wiederbelebungsversuche blieben bis zum Wiederaufbau 1989 erfolglos. Heute besitzt das Theater ein eigenes Orchester, das aber die meiste Zeit des Jahres auf internationalen Konzerttourneen ist. Meist werden daher leichte Opern aufgeführt; im Winter tritt hier auch das Ballett des Mariinski-Theaters auf.

Der Schlossplatz hat seine Spuren in der russischen Geschichte hinterlassen, ob beim »Blutssonntag« 1905 oder 1917 bei der Erstürmung des Winterpalastes durch die Bolschewiken.

Angeführt durch den orthodoxen Priester Georgi Gapon marschierten am 22. Januar 1905 140 000 Arbeiter zum Winterpalast. Sie wollten vor der Residenz des Zaren friedlich für bessere Arbeitsbedingungen, Agrarreformen, religiöse Toleranz, Abschaffung der Zensur und die Schaffung einer Volksvertretung demonstrieren. Obwohl es sich keinesfalls um einen revolutionären Akt handelte, ließ Zar Nikolaus II.

Die Alexandersäule in der Mitte des Schlossplatzes

Besonders in den Sommermonaten ist der Newski prospekt, die Haupt-schlagader der Stadt, ein beliebter Ort für Straßenvorstellungen von Künstlern, Musikern und Tänzern

auf die Demonstranten schießen und es kam vermutlich zu mehr als 1000 Toten. Dieser Tag ging als »Petersburger Blutsonntag« in die Geschichte ein.

In der Nacht zum 25. Oktober 1917 begann mit dem Signalschuss des Panzerkreuzers »Aurora« die Erstürmung des Winterpalastes. Dieser war der ehemalige Sitz des Zaren und das Hauptquartier der provisorischen Regierung. Aufständische Truppen besetzten zudem weitere strategische Stellen der Stadt. In der darauf folgenden Nacht kapitulierte die Kerenski-Regierung und wurde durch Lenin und seine Gefolgsleute ersetzt.

In der Mitte des Schlossplatzes steht die aus einem einzigen Granitblock errichtete **Alexandersäule** ➡ aC3 (1832). Sie wurde, wie auch die Isaakskathedrale, vom Architekten Montferrand erbaut. sie ist ein bedeutendes Beispiel der Architektur- und Ingenieurskunst. Die 600 Tonnen schwere Säule besteht aus einem einzigen Stück roten Granits und wurde ohne Hilfe moderner Kräne in nur zwei Stunden von etwa 3000 Männern so gewissenhaft aufgestellt, dass sie bis heute ohne weitere Verankerung auf dem Podest steht. Erst vor kurzem wurde bekannt, dass der Engel zu Sowjetzeiten durch eine Statue Josef Stalins ausgetauscht werden sollte – doch dazu kam es glücklicherweise nie.

Im Süden des Schlossplatzes steht das von Rossi gebaute **General-stabsgebäude** ➡ aC3/4 (Sdanije Glawnowo Schtaba) (1819–29). Die klassizistische Fassade mit einer Länge von 580 Metern bildet einen deutlichen Kontrast zum gegenüberliegenden Winterpalast. In der Mitte des halbkreisförmigen Rundes befindet sich ein mächtiger **Triumph-bogen**, auf dessen Dach eine zehn Meter hohe Skulpturengruppe mit der Siegesgöttin in einem Streitwagen steht. Triumphbogen und Alexandersäule wurden zum Gedenken des Sieges über Napoleon errichtet.

Durch den Triumphbogen hindurch gelangt man südlich, die Bolschaja morskaja Uliza entlang, zum ❹ **Newski Prospekt** ➡ aC/D3/4, der Petersburger Einkaufs- und Flaniermeile. »Prospekt« (lat. prospectus = Aussicht) ist im Russischen die Bezeichnung für eine Hauptstraße. Der Newski Prospekt wurde 1712 im Auftrag Peters des Großen als

Verbindungsstraße zwischen Admiralität und Schiffswerft hin zum Alexander-Newski-Kloster (H11) angelegt. Er ist mit rund viereinhalb Kilometern Länge, einer Breite von bis zu 60 Metern sowie seinen fast 200 Prachtbauten die standesgemäße Hauptstraße, die »Champs-Élysées« der Stadt. Benannt wurde der Boulevard nach dem Nationalhelden Alexander Jaroslawitsch Newski, dem Nowgoroder Großfürsten, der seinen Beinamen »Newski« erhielt, nachdem er 1240 die Schweden an der Newa, in der Nähe des heutigen St. Petersburg, besiegt hatte.

Weiter geht es den Newski Prospekt entlang, in Richtung Osten. Auf der rechten Seite, mit der Hausnummer 17, befindet sich das prunkvolle barocke **Palais des Grafen Stroganow** ⇒ aD4 (Stroganowski Dworez), das zwischen 1752–54 von Bartolomeo Rastrelli gebaut wurde. Graf Stroganow gehörte einer angesehenen russischen Kaufmannsfamilie an, die 1558 von Zar Iwan IV. mit der kolonialen Erschließung Sibiriens beauftragt wurde und dort das alleinige Handelsrecht erhielt. 1722 wurde die inzwischen mächtige Familie von Peter dem Großen zwar dieser lukrativen Rechte enthoben, aber dennoch in den Adelsstand erhoben.

Seit 1991 ist das rosafarbige Palais eine Zweigstelle des Russischen Museums, unter anderem gibt es ein sehenswertes Wachsfigurenkabinett und ein »leckeres«, kleines Schokoladenmuseum zu besichtigen.

Als nächstes richtet sich das Augenmerk auf die **Lutherische Petri-Kirche** ⇒ aC4, das Haus mit der Nummer 22–24. Die Gebäude mit den geraden Hausnummern befinden sich am Newski Prospekt an der nördlichen Straßenseite, also in der bisher eingeschlagenen Richtung der Stadttour auf der linken Seite. Die lutherische Peterskirche wurde von Alexander Brullow mit einer Doppelturmfassade im neoromanischen Stil errichtet (1830). Eine Ausstellung in der Kirche zeigt die Geschichte der Deutschen in St. Petersburg. Auf der gegenüberliegenden Straßenseite sieht man die größte und vielleicht auch schönste Kirche am Newski Prospekt, die **Kasaner Kathedrale** ⇒ aD4 (Kasanski Sobor). Sie wurde im Auftrag von Paul I. durch Andrej Woronichin, einen ehemaligen Leibeigenen des Grafen Stroganow, von 1801 bis 1811 errichtet. Eigentlich

Die grandiose Kasaner Kathedrale am Newski prospekt

Ein malerisches Gotteshaus: Fresken und Mosaike schmücken die Christi-Auferstehungskirche

sollte sich Woronichin, gemäß den Wünschen seines Auftraggebers, streng am Vorbild des Petersdoms in Rom orientieren. Das Ergebnis ist dennoch keineswegs eine Kopie, sondern ein durchaus eigenständiges, beeindruckendes klassizistisches Gebäude, bei dem hauptsächlich die etwa 110 Meter langen Kolonnaden und die rund 70 Meter hohe Kuppel an das römische Vorbild erinnern. Die beiden Denkmäler vor der Kathedrale stammen von Boris Orlowski und zeigen den Feldmarschall Michail Kutusow (links) und dessen Nachfolger Michail Barclay de Trolly (1837).

An der Ecke Newski Prospekt und Gribojedow-Kanal steht das **Singer-Haus/Haus des Buches** ➡ aD5 (Dom Knigi, Nr.28), das zwischen 1902 und 1904 von Pawel Sjusor im Jugendstil erbaut wurde. Das Haus gehörte ursprünglich dem amerikanischen Nähmaschinenfabrikanten Singer. Heute beherbergt es die größte Buchhandlung der Stadt. Besonders auffällig an dem Gebäude ist die anmutige Kuppel mit dem riesigen gläsernen Globus.

Bereits vom Newski Prospekt aus kann man links etwas nördlich am Gribojedow-Kanal die farbenprächtige ❺ **Christi-Auferstehungskirche** ➡ aC5 (Spas na Krowi) sehen. Nun weiter dem Kanal gefolgt und der wunderschönen Kirche einen Besuch abgestattet! Das malerische Gotteshaus wurde – nach dem Vorbild der Basilius-Kathedrale in Moskau – von den Architekten Alfred Parland und Ignati Malyschew von 1883 bis 1907 erschaffen. Alexander III. hatte die Kirche an der Stelle bauen lassen, wo sein geliebter Vater einem Attentat zum Opfer fiel.

Es ist die einzige Petersburger Kirche mit den »typisch« russischen Zwiebeltürmen, denn Stadtgründer Peter der Große hatte den Bau solcher »russischer« Türme ausdrücklich untersagt. Zar Alexander III.

setzte mit der Kirche ein Zeichen gegen die westliche Architektur der Stadt. Bei der inneren und äußeren Gestaltung dominieren schöne Mosaike. An der Fassade sind 20 rote Granittafeln angebracht, die wichtige Stationen aus dem Leben des ermordeten Zaren zeigen. Das Innere der Kirche ist nach aufwändigen Restaurierungsarbeiten als Mosaikmuseum zugänglich.

Geht man nun den Kanal wieder wenige Meter in südlicher Richtung zurück und macht einen Schwenk nach links, gelangt man durch die Inschenernaja Uliza zum **Platz der Künste** ➡ aC5/6 (Ploschtschad Iskusstw), der seinem Namen tatsächlich alle Ehre macht. Bei seiner Gestaltung hatte der berühmte italienische Architekt Rossi die einzigartige Gelegenheit die gesamte Fläche künstlerisch zu arrangieren. Als Rossi 1819 mit dem Bau des Michaelspalastes für Großfürst Michael Pawlowitsch, den jüngsten Bruder Zar Alexander I., anfing, war das nähere Umland noch Sumpfgebiet. Nach der Fertigstellung des Palastes wurde Rossi gleich mit der Gestaltung des Platzes inklusive des umliegenden Stadtviertels betraut. Es ist erstaunlich und bemerkenswert, dass sogar Gebäude, die er nicht selbst baute, seine Handschrift tragen. Er konzipierte die Fassadenentwürfe, an denen sich die anderen Architekten orientieren mussten.

Im Norden befindet sich das architektonisch dominierende ❻ **Russische Museum** ➡ aC5 (Russki Musej). Es ist größtenteils im einstigen Michaelspalast untergebracht. Das Puschkin-Denkmal im Zentrum des Platzes (die Statue wurde erst 1957 aufgestellt) zeigt auf das **Mussorgski-Theater** ➡ aC5 für Oper und Ballett an der Westseite. In dem nach dem berühmten russischen Komponisten Modest Mussorgski benannten Theater fanden bereits die ersten Aufführungen moderner russischer Komponisten statt, als der Adel noch ausländische Opern bevorzugte. Zu Ehren des Bruders von Zar Nikolai I. wird das 1833 vom Architekten Alexander Brullow (1798–1877) errichtete Theatergebäude Michailowski genannt. 1833 fand mit dem Stück »Die Amorette im Dorf« die Eröffnung statt.

Im Süden, gegenüber dem Russischen Museum, befindet sich der **Große Saal der Philharmonie** ➡ aC5, einer der bekanntesten Konzertsäle der Stadt.

Jetzt geht es die Michailowskaja Uliza entlang, beim Grandhotel Europa vorbei, wieder zum Newski Prospekt. Wer Lust auf eine kleine Kaffee- oder Shoppingpause hat, kann diese nun im **Bolschoi Gostini Dwor** ➡ aD5 einlegen. Das noch aus dem 18. Jahrhundert stammende Kaufhaus (Nr. 35) erstreckt sich über 200 Meter den Newski Prospekt entlang. Hier gibt es fast alles, jedoch zu stolzen Preisen! Interessant ist auch ein kleiner Abstecher in die prunkvolle **Metrostation** ➡ aD5 unter dem Kaufhaus. Ein absoluter Kontrast hinsichtlich Gestaltung, Ausschmückung und Sauberkeit zu dem, was man üblicherweise sonst von dergleichen Einrichtungen in Großstädten gewohnt ist.

Greifen mit vergoldeten Flügeln: die Bankbrücke über dem Gribojedow-Kanal

Modest Petrowitsch Mussorgski (1839–81), russischer Komponist, lernte von seiner Mutter Klavier spielen und vermochte bereits im Alter von sieben Jahren Stücke von Franz Liszt zu spielen. 1874 wurde seine Oper »Boris Godunow« im Mariinski-Theater aufgeführt. Er gilt als einer der autonomsten russischen Komponisten des 19. Jahrhunderts. Neben seinen Opern und Liedern ist der Klavierzyklus »Bilder einer Ausstellung« wohl das bekannteste Werk.

Mussorgski-Porträt (1881) von Ilja Repin

Auf der anderen Seite des Newski Prospekt liegt, etwas zurückgesetzt, eine zierliche, blaue armenische Kirche aus dem Jahr 1780. Weiter geht es zu dem von Rossi geschaffenen Ostrowski-Platz (Ploschtschad Ostrowskowo) mit dem berühmten **Alexandrinski-Theater** ⇒ aE6, auf dessen Giebel der Streitwagen Apollos, der griechischen Gottheit der Künste, zu sehen ist. Das 1500 Zuschauer fassende Theater wurde ebenfalls vom Stararchitekten Carlo Rossi erbaut und 1832 eröffnet. Das Gebäude im klassizistischen Stil wurde nach Alexandra, der Ehefrau von Zar Nikolaus I., benannt. Elisabeth I. stellte 1756 eine aus Schülern des Kadettenkorps bestehende Theatergruppe zum ersten ständigen Theater Russlands zusammen. 1832 konnte die Truppe in das damalige Alexandra-Theater einziehen. Das Innere des Theaters ist noch heute ein Augenschmaus: korinthische Säulen, Nischen mit Musenstatuen, Logen und Bühne in Samt und mit vergoldeten Schnitzereien. Das zu Sowjetzeiten unter dem Namen »Puschkin-Theater« firmierende Haus ist auch heute eine Empfehlung wert. Hin und wieder gastiert dort auch das Mariinski-Theater.

Hinter dem Alexandrinski-Theater ist ein weiteres Glanzstück Rossis zu entdecken: die 220 Meter lange und 22 Meter breite **Rossi-Straße** ⇒ G6/7 (Uliza Rossi) mit spiegelgleichen, symmetrischen Gebäuden. Sie verbindet den Ostrowski-Platz mit dem ebenfalls von Rossi geschaffenen **Lomonossow-Platz** ⇒ G6/7.

In der Mitte des Ostrowski-Platzes steht das einzige Petersburger **Denkmal von Katharina II** ⇒ G6/7. Am Sockel wird einiger berühmter Zeitgenossen wie zum Beispiel ihres Geliebten Fürst Potjomkin und des Feldherren Alexander Suworow gedacht. Katharina stammte ursprünglich aus Deutschland. Die Zarin erblickte 1762 das Licht der

Zarin Katharina II. die Große (1729–96)

Welt als Prinzessin Sophie Auguste Friederike von Anhalt-Zerbst-Dornburg. Das Denkmal von Michael Mikeschin stammt aus dem Jahr 1873.

An der Westseite des Platzes steht die von Rossi erweiterte und fertig gestellte **Saltykow-Schtschedrin-Bibliothek** ⇒ aD6 (Biblioteka imeni Saltykowa-Schtschedina), in der über 29 Millionen Bücher und Zeitschriften verwahrt werden. Darunter viele wertvolle Dokumente, wie die älteste russische Handschrift aus dem Jahr 1057, Handschriften Peters des Großen und die Privatbibliothek Voltaires. Die Bibliothek wurde 1814 eröffnet und ist somit die älteste und – nach der Lenin-Bibliothek in Moskau – die zweitgrößte des Landes.

In östlicher Richtung geht es weiter durch den Park des **Anitschkow-Palastes** ➡ aE6/7 (Anitschkow Dworez) zum Newski Prospekt, zur Rechten erscheint die **Anitschkow-Brücke** ➡ aD7. Namenspate für Brücke und Palast war Michael Anitschkow, ein Militäringenieur Peters des Großen. Dessen Regiment baute hier die erste Holzbrücke über die Fontanka. Sie wurde mehrmals umgebaut und stammt in der heutigen steinernen Form aus dem Jahr 1841. Bekannt ist die Brücke vor allem wegen der Skulpturengruppe von vier bronzenen Pferdebändigern, die sie flankieren (Peter Klodt, 1849–50). Östlich gelegen taucht der Belosselski-Beloserski-Palast (Dworez Bjeloselkich-Bjeloserkskich) mit seiner leuchtend rot gestrichenen, barocken Fassade auf.

Den Fontanka-Kai entlang geht es nun in nördlicher Richtung bis zum Belinskowo-Platz weiter. Rechter Hand, jenseits der Fontanka, passieren wir dabei den **Scheremetjew-Palast** ➡ E8 (Scheremetjewski Dworez) und das sich im Park des Palastes befindliche **Anna-Achmatowa-Museum** ➡ E8. Sein jetziges Aussehen hat der barocke gelbweiße Palast seit Mitte des 18. Jahrhunderts. Im Palast ist heute das Museum für Musik untergebracht, das 1989, anlässlich des hundertsten Geburtstags der bedeutenden russischen Dichterin Anna Achmatowa (1889–1966), eingeweiht wurde. Die Dichterin lebte und arbeitete selbst lange Zeit in diesen Räumen. Im Museum sind verschiedene persönliche Gegenstände, Dokumente sowie eine Porträtzeichnung von Amadeo Modigliani zu sehen.

Am Belinskowo-Platz kommt man links, vorbei am Nationalzirkus, zum **Michaels-** oder **Ingenieursschloss** ➡ aB6, dessen Grundriss und Lage eher den Charakter einer mittelalterlichen Burg haben als den eines herrschaftlichen Schlosses: quadratisch, auf einer kleinen Insel liegend, umgeben von Burggräben und Zugbrücken. Zar Paul I., der Sohn Katharinas der Großen, ließ das Schloss aus Angst vor Attentaten zu seinem Schutz bauen. Geholfen hat es aber nicht, denn nur kurze Zeit nach der Fertigstellung im Jahr 1800 (durch Vincenzo Brenna nach Entwürfen von Wassilij Baschenow) fiel der Zar dennoch einem Attentat zum Opfer. Vor dem Schloss befindet sich ein von Rastrelli im Auftrag Paul I. geschaffenes Reiterstandbild Peters des Großen. Es trägt die Inschrift »Dem Urgroßvater vom Urgroßenkel«.

Auge in Auge mit dem Stadtgründer Peter dem Großen endet hier die Stadttour. ▪

Stadtpaläste am Ufer der Fontanka

Eremitage im Winterpalast

Nicht nur für Kunstliebhaber, sondern für alle, die Zeit und Muße haben, ist ein mindestens halbtägiger Besuch der Staatlichen Eremitage unbedingt zu empfehlen. Die ❸ **Eremitage** ➡ aB3 (»Einsiedelei«) ist das am stärksten frequentierte Museum Russlands und zentraler Bestandteil der zum UNESCO-Weltkulturerbe zählenden St. Petersburger Innenstadt. An die drei Millionen Besucher schreiten im Jahr über die großzügige und prunkvolle Jordan-Treppe in das weltberühmte Museum. Neben traditionellen Ausstellungsräumen im Winterpalast, der Kleinen, Großen und Neuen Eremitage und dem Eremitage-Theater, gibt es inzwischen weitere Ausstellungsräume im Ostflügel des Generalstabsgebäudes sowie ein neues Eremitage-Restaurant.

Mit Kunst von der Urzeit bis zur Gegenwart ist die Sammlung von mehr als drei Millionen Kunstgegenständen – nur ein Teil hiervon wird ausgestellt – ein Museum der Superlative. Verteilt auf etwa 1000 Räume in sieben Palästen, sind Gemälde, Grafiken, antike Statuen, Münzen und Goldschmuck zu besichtigen. Ehrfürchtig kann man vor den Werken von Albrecht Dürer, Tizian, Paul Cézanne, Vincent van Gogh, Pablo Picasso, Leonardo da Vinci, Rembrandt, Claude Monet und vielen anderen stehen. Schätzungen haben ergeben, dass ein Besucher, wenn er vor jedem Kunstwerk einige Sekunden stehen bliebe, etwa siebzig Jahre benötigen würde, um sich alles anzusehen. Es ist daher empfehlenswert, selektiv vorzugehen.

Wer sich durch die Größe und gigantische Kunstfülle überfordert fühlt, sollte sich zuerst auf die prunkvollen Galasäle des Winterpalasts konzentrieren. Sie beherbergen viele Höhepunkte wie die Madonnen da Vincis, die Gemälde Rembrandts oder die Meisterwerke der französischen Impressionisten, die als »Beutekunst« nach dem Zweiten Weltkrieg den Weg in die Eremitage fanden.

Meisterwerke von Weltrang in der Eremitage: »Maria mit dem Kind« (1525–30) von Lucas Cranach d. Ä.

Eine der sechs Abteilungen der Eremitage ist die **Kunst und Kultur der Völker des Ostens**. Sie zeigt das legendäre Gold der Skythen und Funde aus griechischen Grabstätten. Der Bereich **Kunst und Kultur des klassischen Altertums** sind Kunstwerke der griechischen und römischen Antike zu sehen, wie die »Taurische Venus« aus dem 3. Jahrhundert v. Chr., die 1720 als erste antike Statue nach St. Petersburg kam. Die Abteilung **Kunst und Kultur des Orients** präsentiert Ausstellungsstücke der orientalischen Völker und der Frühzeit Ägyptens und Vorderasiens, sowie Kunst Chinas, Indonesiens, Indiens und des Mittleren Orients. Die **Münzsammlung** präsentiert Münzen und Orden aus verschiedenen Zeiten und Ländern. Die **Kultur Russlands vom 6. bis zur Mitte des 19. Jahrhunderts** umfasst Ausstellungsstücke vom Zarenthron im Petersaal, über die Wappen aller russischen Regierungsbezirke, dazu die von Rossi gestaltete »Galerie der Helden« von 1812 mit den Porträts der am Napoleonischen Krieg beteiligten Generäle und dem prunkvoll mit weißem Marmor und vergoldeter Bronze ausgestatteten Großen Thronsaal. Die älteste und größte Abteilung der Eremitage nimmt mit der **Kunst des Westens** zwei Drittel des ersten Stocks und einen großen Teil des zweiten Stocks ein. Zu den Highlights gehören da Vincis »Madonna Litta«, Tizians »Danae«, über 40 Bilder von Rubens, 25 von Rembrandt, diverse Skulpturen Rodins sowie französische Expressionisten und Impressionisten mit Werken von Matisse, Picasso und Cézanne.

Peter Carl Fabergé, Hofjuwelier der Zaren, schuf Kleinodien wie das Rosenknospen-Ei (1895) für die Familie Romanow

Besonders beeindruckend ist auch die **Sammlung russischer Ikonen** seit dem 12. Jahrhundert, die Juwelen aus der Werkstatt Fabergé, Teppiche und Porzellan, die historischen Kostüme und russischen Gewänder des 18.–20. Jahrhunderts, darunter mehr als 300 Gewänder Peters des Großen.

Das Hauptgebäude der Eremitage wurde im Auftrag der Zarin Elisabeth von 1754–62 durch Bartolomeo Francesco Rastrelli als Winterpalast gebaut. Rastrelli muss sich der Bedeutung und Wirkung seines Baus sehr sicher gewesen sein, denn von ihm sollen die Worte sein: »Der Palast wurde zum Ruhm des gesamten Landes gebaut«.

Offizieller Geburtstag des neben dem Pariser Louvre und dem Metropolitan in New York größten Kunstmuseums der Welt ist der 8. Dezember. Katharina II. wird als Gründerin der Kunstsammlung benannt, da sie es war, die 1764 die ersten 225 Gemälde bei dem Berliner Kaufmann Johann Ernst Gotzkowsky erwarb. Die Werke holländischer und flämischer Meister waren ursprünglich für Preußenkönig Friedrich II. gedacht.

Doch bereits Peter I. hatte Kunst gesammelt und die Sammlung skythischer Altertümer veranlasst. Die Schätze der sibirischen Steppenstämme stammen aus dem 7.–3. Jahrhundert v. Chr. Allerdings trieb erst

Bartolomeo Francesco Rastrelli (1700–71), russischer Architekt und Baumeister italienischer Abstammung, erbrachte hauptsächlich in und um St. Petersburg eine gewaltige Arbeitsleistung. In seiner Baukanzlei bildete er viele Schüler aus. Sein letztes, bestes und wichtigstes Werk in Russland war der Ausbau des Winterpalais ab 1754. Den Innenausbau konnte er nicht mehr fertig stellen; nur die Jordantreppe, die Schlosskirche und den Thronsaal vollendete er noch.

Mit seinen Bauten prägte der Hofarchitekt Rastrelli das Stadtbild.

23

Nachbau der vatikanischen Raffael-Loggia in der Neuen Eremitage

Katharina die Kunstsammlung professionell und systematisch voran, kaufte gezielt Gemälde und bestellte Werke bei zeitgenössischen Künstlern. Allerdings war der Kunstgenuss damals nur ausgewählten Kreisen vorbehalten und so beklagte die Zarin einmal: »Nur die Mäuse und ich ergötzen uns an all diesen Herrlichkeiten«. Als sie starb, war die Galerie längst so umfassend wie die anderer europäischer Königshäuser.

Da die kaiserliche Sammlung auch unter Nikolaus I. beständig weiter wuchs, er Werke italienischer und spanischer Meister kaufte, ließ dieser nach den Entwürfen des deutschen Architekten Leo von Klenze Mitte des 19. Jahrhunderts das erste wirklich als Museum konzipierte Bauwerk errichten. Diese **Neue Eremitage** wurde im Februar 1852 als Kaiserliches Museum für die Privilegierten von St. Petersburg eröffnet. Erst seit 1922 ist es für die Allgemeinheit zugänglich.

Der heutige Reichtum der Eremitage entstammt nicht ausschließlich der Zarenfamilie; nach der Revolution von 1917 wurden viele Sammlungen von Petersburger Adelsfamilien verstaatlicht und in die Eremitage überstellt. Von 1910 bis 1930 wurde der Bestand der Eremitage nahezu verdoppelt.

Peter-Paul-Festung

Die ❼ **Peter-Paul-Festung** ➡ B/C5 aus dem frühen 18. Jahrhundert ist Ursprung und historischer Kern der Stadt und somit zentraler Teil, der zum UNESCO-Weltkulturerbe erklärten Altstadt. Die Grundsteinlegung

Die Grundsteinlegung der Peter-Paul-Festung auf der Haseninsel gilt als Geburtsstunde von St. Petersburg

Einer Legende nach wurde die Spitze der **Peter-Paul-Kathedrale** in St. Petersburg bei einem Sturm so stark beschädigt, dass sie repariert werden musste. Niemand vermochte diese Arbeit auszuführen, bis sich ein Leibeigener dazu bereit erklärte. Es gelang ihm, ohne ein Gerüst den Schaden zu beheben. Für diese Leistung erhielt er vom Zaren als Dank einen Becher, mit welchem er in jedem Gasthaus Russlands gratis Wodka trinken konnte. Es dauerte nicht lange und er verlor den Becher im Rausch. Großzügigerweise erhielt er aber Ersatz. Wieder und wieder verlor er den Becher, bis man bei Hofe genug hatte und dem Handwerker

Das prunkvolle Innere der Peter-Paul-Kathedrale beherbergt die Grablegen der Romanow-Zaren von Peter dem Großen bis Nikolaus II.

unterhalb des Backenknochens ein Zeichen auf den Hals brennen ließ. Sodann musste dieser nur noch mit dem Finger auf das Zeichen zeigen und ihm wurde überall kostenlos Wodka eingeschenkt. Seit dieser Zeit bedeutet ein Anschnippen dieser Stelle mit den Fingern so viel wie: »Komm, lass uns Wodka trinken gehen!«

war am 16. Mai 1703 und gilt zugleich als offizielles Gründungsdatum St. Petersburgs. Die Anlage liegt auf einer Newa-Insel und ist heute mit ihren Ausstellungen und Museen ein stark frequentiertes touristisches Highlight, aber zugleich auch ein beliebter Ort für Erholung suchende St. Petersburger. Täglich um 12 Uhr mittags wird auf der Peter-Paul-Festung ein Kanonenschuss abgefeuert. Dieses Ritual existiert seit dem 18. Jahrhundert; es wurde eingerichtet, um den Stadtbewohnern die genaue Uhrzeit anzugeben.

Für Gäste und Einwohner besonders attraktiv: der schön angelegte Sandstrand. Zwar ist wegen mangelhafter Wasserqualität das Baden eigentlich verboten, das scheint aber niemanden zu kümmern! Im Sommer finden hier auch Beachvolleyballturniere, Sandskulpturenwettbewerbe, Theateraufführungen sowie Rock- und Popkonzerte statt.

Zwar war die Peter-Paul-Festung ursprünglich für militärische Zwecke errichtet worden, aber die im Nordischen Krieg geschlagenen Schweden stellten keine Gefahr mehr dar und so diente die Festung ab 1720 als Kaserne und als eines der berüchtigtsten Gefängnisse Russlands.

Die ursprüngliche Festung wurde aus Erdwällen und Holzbefestigungen erbaut, dann aber unter Leitung des Baumeisters Domenico Trezzini von 1706–40 aus Stein komplett neu errichtet. Seit dieser Zeit hat sie die Form eines unregelmäßigen Sechsecks, mit Bastionen an den Ecken. Die der Newa zugewandte Seite wurde 1770 mit Granit verkleidet. Beim Bau der riesigen Festung sollen Hunderte von Zwangsarbeitern ihr Leben gelassen haben.

1924 wurde der größte Teil der Anlage zum Museum erklärt. Während der 900 Tage andauernden Belagerung Leningrads wurde die Peter-Paul-Festung stark zerstört, nach dem Krieg aber wieder aufgebaut. 1991 wurde auf dem Gelände ein Denkmal zu Ehren Peters I. aufgestellt. Da der Zar einen viel zu kleinen Kopf, dafür aber viel zu große Hände und Füße hat, ging ein heftiger Aufschrei durch die Stadt.

Das **Gefängnis** ➡ C5 in der Trubezkoi-Bastion mit seinen 36 Einzelzellen, die lediglich mit einem eisernen Bett, einem Tisch und einem Hocker zum Sitzen ausgestattet waren, hat eine lange Tradition und eine ebenso lange Liste prominenter Gefangener. 1717 wurde Alexander, Sohn Peters des Großen, dort festgehalten. Ihm folgten die Teilnehmer des Dekabristenaufstands, Maxim Gorki, Fjodor Dostojewski, Michail Bakunin, der Bruder Lenins, Alexander Iljitsch Uljanow, und viele andere. Die letzten Gefangenen der Peter-Paul-Festung waren, nach der Oktoberrevolution 1917, die Mitglieder der provisorischen Kerenski-Regierung.

Heute befindet sich hier ein **Museum**, das unter anderem Wachsfiguren der bedeutendsten Gefangenen zeigt.

Ebenso auf dem Gelände der Festung befindet sich die imposante **Peter-Paul-Kathedrale** ➡ B5. Sie entstand von 1713–22 unter Leitung von Domenico Trezzini. In ihr wurden seit dem 18. Jahrhundert die meisten Zaren in weißen Marmorsärgen bestattet. Nur Zar Alexander II. und seine Gattin bekamen Särge aus rotem beziehungsweise grünem Marmor – als Zeichen der Anerkennung für die Abschaffung der Leibeigenschaft. 1998 konnten auch die Mitglieder der letzten Zarenfamilie in der Peter-Paul-Kathedrale bestattet werden.

Wie von Peter dem Großen befohlen, war der 122 Meter hohe Turm lange das höchste Bauwerk der Stadt. Das Innere der Kathedrale zieren wunderschöne Wandmalereien und Trophäen aus dem Nordischen Krieg. Obwohl für eine russisch-orthodoxe Kirche nicht üblich, hat die Kathedrale eine Kanzel. Vermutlich wurde sie 1902 zur Exkommunizierung Tolstois das einzige Mal benutzt.

Direkt neben der Kathedrale befindet sich eine **Grabkapelle** ➡ B5. Sie wurde von 1896–1908 als Grabstätte der Zarenverwandten erbaut. Nach langem Rechtsstreit ist die Kapelle heute wieder letzte Ruhestätte der Romanow-Dynastie. Vor der Kathedrale liegt ein für die Zeit seiner Gründung bemerkenswerter **Friedhof** ➡ B5. Hier sind sowohl russisch-orthodoxe als auch evangelische Christen beerdigt. Der Friedhof der Kommandanten der Peter-Paul-Festung gehört zu den ältesten erhaltenen Friedhöfen Russlands.

Auf dem Festungsgelände befinden sich heute verschiedene **Museen** ➡ B5, zum Beispiel eine Ausstellung zur Stadtgeschichte von 1703–1924 oder wechselnde

Aus der Romanow-Dynastie: die Familie Zar Alexanders III.

Die Sommerresidenz Peters des Großen: Peterhof mit der großen Kaskade, im Hintergrund der Finnische Meerbusen

Ausstellungen, die unter dem Namen »Museum des alten Petersburg« angegeben werden. Interessant ist auch das Ausstellungsareal direkt am Eingangstor mit Wechselausstellungen internationaler Fotografen. In den Kasematten (=vor Artilleriebeschuss sicheres Gewölbe in einer Festung) befindet sich heute eine Druckerei. Hier kann man beim Fertigen von Drucken mit historischen Motiven auf Originalgeräten zuschauen und diese Drucke auch erwerben.

Im **Museum für Raketenbau und Raumfahrt** ➡ B5 sind nachgestellte Arbeitsräume von Raketenkonstrukteuren, Sputniks, Original-Raumanzüge und vieles mehr rund um das Thema zu sehen. Sputnik wurden in Osteuropa Erdsatelliten genannt. Die ersten zehn Satelliten der Sowjetunion, die eine Erdumlaufbahn erreichten, erhielten diesen Namen. Übersetzt bedeutet der Name »Weggefährte« oder »Begleiter«.

Ausflug zur Schlossanlage Peterhof

Die knapp 30 Kilometer von St. Petersburg entfernt, an der Südküste des finnischen Meerbusens gelegene Zarenresidenz ❽ **Peterhof** ➡ bC2/3 hat ihren Ursprung in einem einfachen kleinen Holzhaus. Peter der Große machte hier auf seinem Weg von der Peter-Paul-Festung zur Festung Kronstadt, die er auf der Insel Kotlin bauen ließ, öfters Rast. Es gefiel ihm hier so gut, dass er 1714 die schon länger gehegten Pläne nach einem »russischen Versailles« in die Tat umsetzte. Die verantwortlichen Architekten waren Johann Braunstein, Andreas Schlüter und Jean-Baptiste Leblond – letzterem verdankt der Peterhof vor allem seine grandiose Parkgestaltung mit Fontänen und Kaskaden, die ihresgleichen suchen. An den Entwürfen für den **Großen Palast** und das **Schloss Monplaisir** soll der Zar maßgeblich beteiligt gewesen sein. Ein Seekanal verbindet den Großen Palast mit der Ostsee. Bereits 1723, zwei Jahre vor Peters Tod, konnte die Zarenresidenz feierlich eingeweiht werden.

Später wurde der Palast dann von den Zarinnen Elisabeth I. und Katharina II. weiter ausgebaut und verschönert. Von 1747–52 war der berühmte Rastrelli im Auftrag Elizabeths für den Ausbau verantwortlich. Ihm verdankt der Barockpalast im Wesentlichen sein heutiges Aussehen. Architektonischer Mittelpunkt des grandiosen Ensembles ist der Große Palast, der den oberen Park vom unteren Park trennt. Bei einem Rundgang durch das Schloss kann man prächtige Säle und Prunkräume unter anderem von Rastrelli, Velten und de La Mothe bewundern. Der Blick von der Palasttreppe, die große Kaskade entlang, über den Seekanal bis hin zur Ostsee ist einzigartig.

Im Zentrum der großen Kaskade steht die Fontäne »Samson reißt dem Löwen den Rachen auf«. Gedacht als Sinnbild für den Sieg über die Schweden. In den weitläufigen Parkanlagen sind weitere Schlösschen und Pavillons zu bewundern, so etwa **Monplaisir** (»meine Freude«). Für dieses im holländischen Stil gebaute, kleine Schlösschen soll Peter eine besondere Vorliebe gehabt haben. Die Inneneinrichtung ist weitgehend noch im Original erhalten.

Sehenswert sind der gelb-weiße Große Palast mit dem Eichenkabinett, dem ehemaligen Arbeitszimmer Peters des Großen, der Tschesme-Saal, der Tanzsaal, der Thronsaal, der Rotari-Saal auch »Saal der Grazien« genannt, die Chinakabinette, der Rebhuhnsaal und das kaiserliche Schlafzimmer.

Im Lauf des Zweiten Weltkriegs wurden große Teile der Schlösser zerstört und die Parkanlagen verwüstet. Mit großem Aufwand konnte die Zarenresidenz wieder restauriert werden und präsentiert sich heute den Touristenströmen mit Stolz in ihrem einstigen Prunk. Allein das Schauspiel der über 140 Fontänen und Brunnen lohnt einen Besuch. Das Besondere: Es gibt keine einzige Pumpe – der Wasserdruck entsteht allein durch das Gefälle zwischen Speicherseen und Kaskaden. Jedes Jahr gibt es am 26. August im Peterhof eine pompöse Feier: das Fest **Samsona**. Die Besucher erleben eine Reise in die Vergangenheit mit einem herrlichen Feuerwerk am späten Abend.

Das Freilichtmuseum »Russisches Dorf Schuwalowka«

In der Nähe von Peterhof, 20 Kilometer westlich von St. Petersburg, befindet sich die große Anlage mit typisch russischen Holzgebäuden aus zurückliegenden Jahrhunderten. In dem Dorf mit den alten Bauernhöfen und Holzbauten finden Folklorefeste, Vorführungen traditionellen russischen Handwerks und andere Events statt. Man kann das Wodka-Theater besuchen, an einer Wodkaverkostung teilnehmen oder in einem typisch russischen Restaurant einfach nur gut essen. Auf dem Hofkomplex **Schuwalowka** ➡ bC3 lernen Besucher das ländliche Leben und die mittelalterlichen Bräuche Russlands kennen. Im Handwerkerhaus kann man sich im Bemalen von Schatullen und Matrjoschkas üben.

Fontäne im Schlosspark Peterhof

Die Kuppeln der Schlosskirche des Katharinenpalastes in Puschkin blitzen golden im Sonnenlicht

Nach Puschkin und zum Katharinenpalast

Etwa 20 Kilometer südlich von St. Petersburg liegt das malerische Städtchen ❾ **Puschkin** ➧ bE4 mit seiner prächtigen Zarenresidenz, die Anfang des 19. Jahrhunderts zum beliebten Wohnsitz der Herrscherfamilie wurde. Zarskoje Selo wurde genauso oft umbenannt wie St. Petersburg. Offiziell heißt es heute Puschkin, trug aber von 1917–37 auch den Namen Djetskoje Selo (»Kinderdorf«). Pilgerziel der Touristen aus aller Welt ist das rekonstruierte Bernsteinzimmer im **Katharinenpalast**.

Noch war der Nordische Krieg gegen die Schweden lange nicht zu Ende, da befahl Peter der Große, in der Umgebung seiner neu gegründeten Hauptstadt Lust- und Vergnügungsschlösser zu errichten. Er schenkte seiner Frau Katharina I. 1708 das ehemalige Landgut in Zarskoje Selo. Sie ließ dort einen kleinen Palast bauen, der Mitte des 18. Jahrhunderts im Auftrag ihrer Tochter Elisabeth repräsentativ und feudal umgebaut wurde. Sie nannte ihn »Katharinenpalast«. Auch Katharina die Große liebte diesen schönen Ort und beauftragte den italienischen Hofarchitekten Rastrelli mit dem Bau eines Palastes. Nach ihren Wünschen entstand dieser von 1752–56, zudem ein prunkvoll gestalteter Park mit Kapellen, Pavillons und Lauben. Trotz all dieser Pracht verdankt der Katharinenpalast seine Berühmtheit hauptsächlich dem legendären **Bernsteinzimmer**.

Der Katharinenpalast hat eine Fassade von 300 Metern Länge und ist ein barockes Kunstwerk in den Farben Weiß, Blau und Gold. Besonders sehenswert sind der Kavaliersspeiseraum, der Ballsaal und der Große Thronsaal mit seinen unzähligen Spiegeln, Lüstern und der goldenen Verzierung. Beeindruckend sind ebenso der für Empfänge konzipierte Große Saal mit dem mächtigen Deckengemälde »Russlands Triumph«, der Bildersaal und der Portraitsaal.

Zarskoje Selo, das »Zarendorf« wurde 1937 anlässlich des 100. Todestags des großen russischen Dichters in »Puschkin« umbenannt. Er verbrachte hier sechs Jahre seines Lebens im Lyzeum. In einem Anbau des Katharinenpalastes ist ein **Puschkin-Museum** untergebracht.

Das **Bernsteinzimmer** war 1716 ein Geschenk des preußischen Königs Friedrich Wilhelm I. an Peter den Großen. Die komplette Wandvertäfelung, die auch als achtes Weltwunder bezeichnet wurde, hatte der Bildhauer und Architekt Andreas Schlüter entworfen. Das Bernsteinzimmer wurde im Zweiten Weltkrieg von deutschen Soldaten, unter Aufsicht von zwei Sachverständigen, in 36 Stunden abgebaut, verpackt und am 14. Oktober 1941 in 27 Kisten nach Königsberg abtransportiert. Dort

Detail des Bernsteinzimmers: Zarenkrone en miniature

verlor sich die Spur; über den weiteren Verbleib ist nichts bekannt. Bis heute versuchen verschiedenste internationale Gruppen das Original wieder zu finden.

Durch eine kräftige Spende der Ruhrgas AG (dreieinhalb Millionen Dollar) konnte 2003 die 1979 begonnene Rekonstruktion des Bernsteinzimmers nach alten Fotos abgeschlossen werden. Das neue Bernsteinzimmer wurde während der Feierlichkeiten zum 300-jährigen Stadtjubiläum St. Petersburgs am 31.Mai 2003 durch den damaligen Bundeskanzler Gerhard Schröder und den russischen Präsidenten Wladimir Putin eingeweiht.

Ein Spaziergang durch den Park ist lohnenswert. Zu sehen gibt es einen beeindruckenden Achatpavillon, die tempelartige Cameron-Galerie, das Lusthäuschen Große Kaprice und am Rande des Großen Teichs Rastrellis Grotte, in der heute Kutschen aus der Zarenzeit untergebracht sind. Die Hauptwege des Alten Gartens führen zur Eremitage.

Insgesamt handelt es sich hier um eine einmalige Symbiose von Schlössern und Parks und zugleich um eines der wundervollsten Ensembles der Welt. Der Stadtkern von Puschkin wurde in die Liste des UNESCO-Weltkulturerbes aufgenommen.

Weitere Angaben zum Palast und Museum vgl. S. 44 f.

Zur Zarenresidenz Pawlowsk

Die jüngste Sommerresidenz der Zaren liegt etwa fünf Kilometer von Zarskoje Selo entfernt; die dazugehörige Parkanlage gilt als der größte Landschaftspark Europas. Gegenüber den beeindruckenden Palästen von Peterhof und Puschkin mutet die Zarenresidenz **Pawlowsk** ➡ bE4/5 eher bescheiden an. Als Ausflugsziel für die St. Petersburger

Der **Bahnhof von Pawlowsk** war einst die Endstation der ersten Eisenbahnlinie Russlands, die 1837 eröffnet wurde. Am 11. November 1837 machte sich eine kleine Lok mit acht Waggons und einigen Passagieren auf die Fahrt von St. Petersburg nach Zarskoje Selo. Unter Leitung des österreichischen Ingenieurs und Eisenbahnpioniers Franz Anton Ritter von Gerstner (1796–1840) dauerte die Fahrt ganze 33 Minuten und war doch der Beginn des Eisenbahnzeitalters in Russland. Für die vergnügungssüchtigen Adligen der Hauptstadt wurde am Bahnhof eigens ein Konzertsaal errichtet. Johann Strauß gab hier von 1856–65 regelmäßig Sommerkonzerte.

hat sie aber große Bedeutung. In dem riesigen Park erholen sich die Städter beim Pilze sammeln, Spazierengehen oder im Winter beim Schlitten- oder Skifahren und ist vor allem im Sommer beliebtes Ziel für viele Touristen. Im Zweiten Weltkrieg wurde die Residenz so stark zerstört, dass sie fast komplett neu aufgebaut werden musste. Mittlerweile ist Pawlowsk und auch die einst verfallenen Pavillons, die altersschwachen Lauben und baufälligen Brücken wieder sehr schön restauriert worden.

In einer vermeintlich unberührten Naturlandschaft: die Zarenresidenz Pawlowsk

Katharina II. schenkte ihrem Sohn Pawel I. das an den Ufern der Slawjanka gelegene und über 600 Hektar große Grundstück. Hier schufen die Architekten Charles Cameron und Pietro Gonganza nach dem Vorbild englischer Landschaftsgärten eine vermeintlich unberührte Naturlandschaft mit einem Wald, Hügeln, kleinen Seen und Wasserläufen. Inmitten dieser Idylle entstanden kleine Tempel (z.B. der »Tempel der Freundschaft« von 1780), Pavillons (z.B. »Drei Grazien«) sowie zahlreiche Skulpturen und Säulenensembles. An der Stelle, an der vormals lediglich zwei einfache hölzerne Jagdhütten standen, ließ Zar Paul I. das hufeisenförmige **Hauptpalais** errichten. Es ist ein Meisterwerk des Frühklassizismus mit ägyptischem Vestibül, Thronsaal, griechischem und italienischem Saal. Ein 1872 im Ehrenhof aufgestelltes Denkmal erinnert an Paul I. ■

Ballsaal des Katharinenpalastes

Museen, Kirchen, Architektur und andere Sehenswürdigkeiten

In St. Petersburg gibt es eine Vielzahl an Museen. Dabei ist die Zahl der auszustellenden Kunstwerke so groß gewesen, dass in vielen Museen der Platz nicht mehr ausreichte. Exponate wurden ausgelagert und Paläste und Villen als Zweigstellen eingerichtet.

Es ist durchaus üblich, dass die Eintrittspreise für ausländische Touristen andere – und zwar meistens deutlich höhere – als für Einheimische sind.

Oft ist es sinnvoll, an einer Führung teilzunehmen, denn viele Erklärungstexte sind nur auf Russisch verfasst.

Bitte beachten: In einigen Museen muss man für die Foto-Erlaubnis ein Zusatzticket lösen.

Museen

Akademie der Künste/Akademija Chudoschestw ➡ E2/3
Wassilij-Insel, Universitetskaja Nabereschnaja 17
✆ (812) 323 35 78
www.rah.ru, www.nimrah.ru
Mi–So 11–18 Uhr
Eintritt 300 RUB
Einer der eindrucksvollsten Bauten auf der Wassilij-Insel. Die Architekten waren Kokorinow und Vallin de la Mothe (1788). In der Akademie wurden viele berühmte Künstler ausgebildet, darunter Ilja Repin (der später auch dort unterrichtete) und Alexander Brüllow. Ausgestellt sind unter anderem die Abschlussarbeiten ehemaliger Schüler.

Alexander-Blok-Museum/Musej Kwartira Bloka ➡ G2
Uliza Dekabristow 57
Metro Sennaja Ploschtschad, Sadowaja
✆ (812) 713 86 31
www.russianmuseums.info/M138
Tägl. außer Mi 11–17 Uhr

Glanz und Pracht: die prunkvolle Jordantreppe im Winterpalast (Eremitage)

Eintritt 50 RUB

Hier lebte und starb der große Dichter Alexander Block (1880–1921), Hauptvertreter des russischen Symbolismus. Anlässlich seines 100. Geburtstags wurde 1980 ein Museum eingerichtet. Die Zimmer sind noch im Originalzustand. Das Grab Bloks liegt auf dem Wolkow-Friedhof.

Anna-Achmatowa-Museum/Musej Achmatowa ➡ E8

Nabereschnaja Reki Fontanka 34, Eingang: Liteinij Prospekt 53 (Parallelstrasse), Metro Majakowskaja
✆ (812) 579 72 39
www.akhmatova.spb.ru
Di und Do–So 10.30–18.30, Mi 13–21 Uhr, Eintritt 200 RUB
Das Museum im Park des Scheremetjew-Palastes ist dem Leben der größten russischen Dichterin des 20. Jahrhunderts gewidmet.

Brodski-Museum/Musej Brodskowo ➡ aC5

Ploschtschad Iskusstw 4
Metro Newski Prospekt
✆ (812) 312 58 24
Mi–So 11–18 Uhr
In dem Haus am Platz der Künste, neben dem Mussorgski-Theater, lebte der Maler Isaak Brodski (1883–1939) die letzten 15 Jahre seines Lebens. In dem heutigen Museum ist seine wertvolle Gemäldesammlung neben Werken von Benois und Repin ausgestellt.

Denkmal für die Verteidiger Leningrads (Ausstellungshalle)/ Monument geroitscheskim Saschtschitnikam Leningrada
➡ bD4

Platz des Sieges am Moskauer Prospekt
Metro Moskowskaja
✆ (812) 293 65 63
Tägl. außer Mi 11–18 Uhr, letzter Di im Monat geschl.
Eintritt frei

In der Eremitage: Caspar David Friedrichs »Auf dem Segler« (um 1818/19)

Das 1975 eingeweihte, fast 50 Meter hohe Denkmal erinnert an eines der grausamsten Kapitel des Zweiten Weltkriegs. 900 Tage und Nächte wurde die Stadt damals von den Truppen der deutschen Wehrmacht belagert. Mehr als eine Million Menschen verhungerten und erfroren in dieser Zeit. Der Granitobelisk steht auf dem »Platz des Sieges«, auf dem Weg vom Flughafen zur Innenstadt. Die Ausstellungsstücke in der **unterirdischen Gedenkhalle** des Denkmals befassen sich mit der Blockade der Stadt im Zweiten Weltkrieg.

❸ Eremitage/Ermitasch ➡ aB3

Dworzowaja Nabereschnaja 32–36
Metro Newski Prospekt oder Gostini Dwor
✆ (812) 571 84 46 (Führungen), 710 90 79, 710 96 25
www.hermitagemuseum.org
Di–Sa 10.30–18, So 10.30–17 Uhr, Kasse bis 17/16 Uhr
Eintritt 350 RUB
Katharina die Große kaufte 1764 eine Gemäldesammlung aus Deutschland und legte damit das Fundament für Russlands bedeutendstes Museum. Heute umfassen die Sammlungen im

Winterpalast, der Alten und Kleinen Eremitage Kunst und Kultur Russlands, westeuropäische Kunst, antike Münzsammlungen, eine prähistorische Abteilung und Antiquitäten des Mittleren und Nahen Ostens. Eine der weltweit größten und wichtigsten Kunstsammlungen mit mehr als 60 000 Exponaten in über 1000 Sälen.

Fjodor-Dostojewski-Museum/ Musej Dostojewskowo ➡ G8

Kusnetschnji Pereulok 5/2
Metro Dostojewskaja, Wladimirskaja
✆ (812) 764 69 50, www.md.spb.ru
Di–So 11–18, Kasse bis 17.30 Uhr
Der bedeutendste russische Dichter lebte von 1878 bis zu seinem Tod 1881 in diesem Haus. Originalgetreu restauriert beherbergt seine letzte Wohnstätte Persönliches, handgeschriebene Bücher, historische Fotografien.

Häuschen Peters des Großen/ Musej Domik Petra I. ➡ B6

Petrowskaja Nabereschnaja 6
Metro Gorkowskaja
✆ (812) 232 45 56
www.russianmuseums.info/M161
Tägl. außer Di 10–18 Uhr, letzter Mo im Monat geschl.
Eintritt 200 RUB

Fjodor Dostojewski auf einem Gemälde von 1872

Das erste Haus St. Petersburgs wurde 1930 ein Museum. Die Kiefernholzhütte aus dem Jahr 1703 bestand lediglich aus zwei Zimmern, in denen Peter der Große, der mächtigste Mann Russlands, immerhin sechs Jahre wohnte, um den Aufbau seiner neuen Stadt zu beaufsichtigen. Die Ausstellung zeigt persönlichen Hausrat und dokumentiert russische Siege des Nordischen Krieges von 1700–21. Um die Holzhütte vor dem Zerfall zu schützen, ließ Katharina die Große 1784 ein Schutzhaus errichten.

Kunstkammer/Kunstkamera ➡ aB1/2

Universitetskaja Nabereschnaja 3
Metro Newski Prospekt
✆ (812) 328 14 12
www.kunstkamera.ru/en
Di–So 11–19, Einlass bis 18 Uhr
Eintritt 250 RUB
Das erste öffentliche Museum St. Petersburgs wurde von 1718–34 errichtet und zeigte Raritäten, die Peter der Große auf seinen Reisen sammelte. Heute sind in dem Barockbau am Universitätsufer das **Museum für Anthropologie und Ethnographie** sowie das **Lomonossow-Museum** untergebracht. Achtung: Mit Kindern sollten Sie die Abteilung des Museums für Anthropologie, die allerlei Abnormitäten (ca. 800 Exponate) wie z.B. Tiere mit doppelten Köpfen zeigt, besser nicht aufsuchen.

Das Lomonossow-Museum im Turm der Kunstkammer zeigt allerlei persönliche Gegenstände aus dem Leben Michail Lomonossows sowie wertvolle wissenschaftliche Instrumente und Geräte des 18. Jahrhunderts. Lomonossow, der als einer der größten russischen Universalgelehrten gilt, studierte in Marburg und heiratete auch eine Marburgerin. Er reorganisierte die Petersburger Akademie und gründete die Moskauer Universität.

Die Kunstkammer (Mitte) am Ufer der Newa

Lenin-Museum im Smolny-Institut/Musej Lenina ➔ C12
Ploschtschad Proletarskoj Diktatury
Metro Tschernischewskaja
✆ (812) 278 14 61
Fr–Mi 10–17 Uhr
Touren nach Vereinbarung möglich
Das auf dem Komplex des **Smolny-Klosters** befindliche Museum war der erste Sitz der Sowjetregierung. Das Smolny-Institut war 1917 Tagungsort des Petersburger Arbeiter- und Soldatenrates; hier wurde die Oktoberrevolution geplant.

Literaturmuseum (Puschkin-Haus)/Literaturni Musej (Puschinski dom) ➔ aA1
Nabereschnaja Makarowa 4, Metro Sportiwnaja
✆ (812) 328 19 01
www.pushkinskijdom.ru
Mo–Fr 10–17 Uhr
Originalmanuskripte und Dokumente russischer Schriftsteller. Russlands größte Sammlung an Manuskripten.

Marmorpalast/Mramorni Dworez ➔ aA4/5

Millionaja Uliza 5/2
Metro Gostini Dwor, Newski Prospekt
✆ (812) 312 91 96
www.rusmuseum.ru
Tägl. außer Di 10–18, Mo 10–17 Uhr
Eintritt 350 RUB
Das ehemalige Leninmuseum zeigt moderne Kunst aus der Sammlung von Peter Ludwig und Werke von Künstlern der Nachkriegszeit. Der Marmorpalast ist

Im April 1917 kehrte Lenin aus dem Schweizer Exil zurück nach St. Petersburg

eine Zweigstelle des **Russischen Museums** und das Gebäude ein architektonisches Denkmal aus der Mitte des 18. Jahrhunderts. Der klassizistische Palast mit mehr als 30 Sorten Marmor war ein Geschenk Katharinas der Großen an ihren Liebhaber Grigori Orlow.

Menschikow-Palast/Menschikowski Dworez → D3

Universitetskaja Nabereschnaja 15
Metro Wassiljeostrowskaja
✆ (812) 323 11 12
Di–Sa 10.30–18, So bis 17 Uhr
Eintritt 200 RUB
Das erste große Steingebäude der Stadt wurde 1720 als Wohnhaus für Fürst Alexander Menschikow, den ersten Gouverneur St. Petersburgs, fertiggestellt. Heute ist es Teil der Eremitage.

Michaels- oder Ingenieurschloss/Michajlowski Samok, Inschenerni Samok → aB6

Sadowaja Uliza 2
Metro Gostini Dwor, Newski Prospekt
✆ (812) 570 51 12
www.rusmuseum.ru
Tägl. außer Di 10–18, Mo 10–17 Uhr, Eintritt 350 RUB
Sehenswert ist die umfangreiche Portraitgalerie berühmter Petersburger Persönlichkeiten. Zweigstelle des **Russischen Museums**.

Museum der Stadtgeschichte St. Petersburgs/Musej Istori Sankt-Petersburga → F3

Angliskaja Nabereschnaja 44 (in der Nähe der Leutnant-Schmidt-Brücke), Metro Newski Prospekt
✆ (812) 311 75 44
Tägl. außer Mi 11–17 Uhr
Im eleganten Adelspalast »Dom Rumjanewa« entstand 1938 das Museum für Stadtgeschichte. Direkt vor dem Palast lag im Oktober 1917 der Panzerkreuzer »Aurora« vor Anker und feuerte den historischen Signalschuss zum Sturm auf das Winterpalais ab.

Museum des Buchdrucks/Musej Petschati → aC5

Nabereschnaja Gribojedowa 32
Metro Newski Prospekt
✆ (812) 312 09 77, 311 02 70
Tägl. außer Mi 10–18, Di 10–16 Uhr
Die Ausstellung ist Teil des **Museums der Geschichte St. Petersburgs** und zeigt seit 1984 die Presse-Geschichte der Stadt von der Mitte des 19. Jahrhunderts bis zum beginnenden 20. Jahrhundert. Im Gebäude selbst befanden sich schon früher die Druckerei, die Redaktion und das Buchgeschäft des Verlages »Die ländlichen Boten«. Es können die Kanzlei, die Druckerei, alte Zeitungen und die Anfänge der 1917 von Lenin herausgegebenen Zeitung *Prawda* – Wahrheit, besichtigt werden.

Museum für politische Geschichte Russlands/Musej politicheskoj Istorii → B6

Kujbyschewa Uliza 2, Metro Gorkowskaja
✆ (812) 313 61 63
www.polithistory.ru
Tägl. außer Do 10–18 Uhr
Eintritt 200 RUB
Die Dauerausstellung dokumen-

Grigori Grigorjewitsch Orlow (1734–83) war einer der fünf Geliebten Katharinas der Großen und Offizier der russischen Armee. Zusammen mit seinen Brüdern bereitete er den Sturz Peters III. 1762 vor, wurde dafür reich von der Kaiserin belohnt, aber nicht, wie erhofft, ihr Gemahl. Nachdem sich Katharina ihrem nächsten Liebhaber, Potjomkin, zugewandt hatte, erhielt Orlow dennoch erneut beachtliche Schenkungen: Bauern, Geld und den Marmorpalast.

Seit 1956 ein Museum: Panzerkreuzer Aurora

tiert die Politikgeschichte des Landes vom 19.–21. Jh. in Videoaufnahmen, Fotos und Dokumenten zur Geschichte der Parteien, auch zum Putsch von 1991. Einen Besuch lohnt schon das Gebäude selbst, die wunderschöne Jugendstilvilla gehörte der Primaballerina Mathilde Kschesinskaja. Die Villa von 1905 war ein persönliches Geschenk von Zar Nikolaus II., wurde aber nach der Oktoberrevolution 1917 von den Bolschewiken konfisziert und als Revolutionsmuseum genutzt. Interessant sind die Wachsfiguren von Spitzenpolitikern.

Museum für Theater und Musik/ Musej Teatry i Musyki ➨ E8
Ploschtschad Ostrowskowo 6
Metro Gostini Dwor, Newski Prospekt
℡ (812) 272 38 98
www.theatremuseum.ru/eng
Tägl. außer Di 11–18, Mi 13–19 Uhr
Eintritt 100 RUB
Anhand von über 400 000 Exponaten – darunter auch Hörbeispiele – wird die Geschichte von Ballett, Oper und Schauspiel Russlands lebendig dokumentiert.

Nabokov-Museum/Musej Nabokowa ➨ aD1/2
Bolschaja Morskaja 47
Bus 5, 22, Metro Sadowaja, Sennaja Ploschtschad
℡ (812) 315 47 13
www.russianmuseums.info/M190
Di–Do 11–18, Fr 11–17, Sa/So 12–17 Uhr
Eintritt 100 RUB
Das Wohnhaus Wladimir Nabokovs (1899–1977) beherbergt eine Ausstellung über Leben und Werk des Schriftstellers. Zu Zeiten der Sowjetunion bis 1986 durften dessen Werke nicht in seiner Heimat publiziert werden.

Panzerkreuzer Aurora/Krejser Awrora ➨ A7
Petrogradskaja Nabereschnaja 4
Metro Gorkowskaja
www.aurora.org.ru/eng
www.russianmuseums.info/M154
Di–Do, Sa/So 10.30–16 Uhr
Eintritt 30 RUB
Von dem Schiff, das am 25. Okt. 1917 das Signal zum Sturm auf das Winterpalais gab, erging am Folgetag über Funk der Aufruf Lenins »An die Bürger Russlands«. Die ganze Welt sollte vom Sieg der sozialistischen Revolution er-

Ausgestellt im Russischen Museum: Ilja Repins »Die Saporoger Kosaken schreiben dem türkischen Sultan einen Brief« (1880–91)

fahren. Der 1900 gebaute Panzerkreuzer ist seit 1956 ein Museum.

Puschkin-Museum/Musej Puschkina ➡ aB4

Nabereschnaja Reki Mojki 12
Metro Newski Prospekt, Gostini Dwor
✆ (812) 314 00 06
www.museumpushkin.ru
Tägl. außer Di 10.30–18 Uhr, letzter Fr im Monat geschl.
Eintritt 200 RUB
Die Räume der letzten Wohnstätte des »Vaters der russischen Literatur« sind im Originalzustand zu besichtigen. Auf dem Höhepunkt seines Schaffens starb er – nur 37-jährig – an den schweren Verletzungen eines Duells in dieser Wohnung. Sein Arbeitszimmer wurde so gelassen, wie er es verlassen hatte. Ausstellungsstücke sind Originalmöbel, Bücher, persönliche Dinge und eine Bibliothek mit mehr als 4500 Büchern, darunter Werke seiner Lieblingsautoren wie Heine, Dante, Voltaire, Shakespeare.

❻ Russisches Museum/Russki Musej ➡ aC5

Uliza Inschenernaja 2–4, Metro Newski Prospekt
✆ (812) 314 34 48
www.rusmuseum.ru
Mo 10–17, Mi–So 10–18 Uhr
Eintritt 350 RUB
Zehn Jahrhunderte russischer Kunstgeschichte in Form von etwa 400 000 Exponaten – von mittelalterlicher Ikonenmalerei über die Klassiker der akademischen Schule, von den Wanderkünstlern und den Werken des sozialistischen Realismus bis hin zu Werken zeitgenössischer Petersburger Künstler. Die Ausstellung erstreckt sich über vier Gebäude.

Wegen anhaltender Restaurierungsarbeiten kann es unter Umständen zu Teilschließungen kommen. Weitere Zweigstellen des Russischen Museums sind der **Marmorpalast**, der **Stroganow-Palast** und das **Michaels- oder Ingenieurschloss**.

Fjodor Iwanowitsch Schaljapin (1873–1938) war der vielleicht berühmteste Opernsänger Russlands. Der Sohn eines armen Bauern genoss nie eine geregelte Ausbildung. Erste Gesangversuche machte er im Kirchenchor. 1894 debütierte er in Tiflis als Oberpriester in Verdis »Aida« und bald erklang sein tiefer Bass am Mariinski-Theater in St. Petersburg.

Schaljapin-Haus/Musej Kwartira Schaljapina → nördl. A5

Uliza Graftio 2b
Metro Petrogradskaja, Tschornaja Retschka
✆ (812) 234 10 56
www.russianmuseums.info/M162
Di–So 11–18 Uhr, Mo/letzter Di im Monat geschl.
Eintritt 100 RUB
Hier lebte bis zu seiner Emigration 1921 der berühmte Opernsänger Fjodor Schaljapin (1871–1938). Ausgestellt sind persönliche Gegenstände, darunter das Kostüm, das er in seiner Rolle als »Boris Godunow« trug. Außerdem im Haus: die Ausstellung **Geschichte der russischen Oper**.

Scheremetjew-Palast (Museum für Musik)/Scheremetjewski Dworez (Musej Musyki) → E8

Nabereschnaja Reki Fontanki 34
Metro Majakowskaja, Gostini Dwor
✆ (812) 272 44 41
www.russianmuseums.info/M102
Mi–So 12–18 Uhr, Mo/Di und letzter Mi im Monat geschl.
Eintritt 150 RUB
Namensgeber ist der ehemalige Besitzer und Heerführer der russischen Armee Boris Scheremetjew. Er war ein großer Musikliebhaber und der barocke Palast, eine Zweigstelle des **Museums für Theater und Musik**, beherbergt eine Sammlung von ca. 3000 Instrumenten. In der **Weißen Halle** finden Sinfonie-, Chor- und Kammerkonzerte statt.

Sommerpalast/Letni Dworez (Sommerresidenz Peters des Großen) → C7

Nabereschnaja Kutusowa
Metro Newski Prospekt, Gostini Dwor
✆ (812) 314 03 74
www.russianmuseums.info/M126
Mai–Okt. tägl. außer Di 10–18 Uhr, letzter Mo im Monat und bei Regen geschl.

Eintritt 300 RUB
Der Sommerpalast, das älteste Steingebäude der Stadt, 1714 durch den Italiener Domenico Trezzini erbaut, war Residenz Peter des Großen, der bis dahin viele Jahre in der Holzhütte auf der anderen Seite der Newa gewohnt hatte. Verglichen mit den Palästen seiner Nachfolger ist der zweistöckige Bau eher schlicht, ganz nach dem Geschmack des Zaren. Heute sind hier Kunstwerke des frühen 18. Jahrhunderts, Porträts und Kleidung des Zaren zu besichtigen.

Staatliches Arktis-Antarktis-Museum/Musej Arktiki i Antarktiki → G8

Uliza Marata 24 a
Metro Wladimirskaja, Majakowskaja
✆ (812) 113 19 98
Mi–Sa 10–18, So 10–17 Uhr, Mo/Di und letzter Do im Monat geschl.
Eintritt 100 RUB
Es ist weltweit das einzige Museum, das die Entdeckung und Erforschung sowohl des Nord- und als auch des Südpols präsentiert. Das in den 1930er-Jahren zur Dokumentation russischer Polarforschung gegründete Museum zeigt inzwischen mehr als 75 000 Ausstellungsstücke – und es werden ständig mehr. Der Besucher erfährt viel Interessantes

Portikus-Löwe von Carlo Rossi vor dem Russischen Museum

Mosaik-Ikone der Gottesmutter im Alexander-Newski-Kloster

über die arktische Natur, die Bewohner – ihre Sitten und Kultur – sowie über die arktische Tierwelt.

Die Christi-Auferstehungskirche ist die einzige Kirche St. Petersburgs mit typisch russischen Zwiebeltürmen

Stieglitz-Museum, Museum für angewandte Kunst/Musej Schtigliza, Musej dekoratiwno prikladnowo Iskustwa ➡ aB7
Soljanoj Pereulok 13–15
Metro Schernischewskaja
℃ (812) 273 32 58, Di–Sa 11–17 Uhr
Eintritt 60 RUB
1878 wurde die damalige Zentralschule für industrielles Design von Baron Alexander von Stieglitz gegründet. In prächtigen Räumlichkeiten werden wertvolle Glaswaren und Porzellan.

Stroganow-Palast/Stroganowski Dworez ➡ aD4
Newski Prospekt 17
Metro Newski Prospekt, Gostini Dwor
℃ (812) 571 82 38
Tägl. außer Di 10–18, Mo 10–17 Uhr
Eintritt 350 RUB
Der Palast mit der rosa Barockfassade und den weißen Säulen aus dem Jahr 1754 wurde von Bartolomeo Rastrelli geschaffen und gehörte dem leidenschaftlichen Kunstsammler Alexander Stroganow. Heute ist er eine Zweigstelle des **Russischen Museums**.

Zoologisches Museum/Zoologitscheski Musej ➡ aB2
Universitetskaja Nabereschnaja 3
Metro Sportiwnaja
℃ (812) 328 01 12
www.russianmuseums.info/M122
Tägl. außer Fr 11–18 Uhr
Eintritt 150 RUB
Vielleicht ist es eines der verkanntesten Museen der Stadt, aber absolut sehenswert. Es gibt einen gewaltigen Bestand an ausgestopften Tieren, eine auf der Welt einzigartige Insektenschau und drei seltene Mammutskelette zu bestaunen. Links des Eingangs hängt eine riesige Anakonda, die Peter der Große von einer Reise mitbrachte, und im ersten Stock hüpfen ein Delphin, ein Blau- und ein Pottwal gemeinsam über eine Brüstung.

Die gigantische Goldkuppel der Isaakskathedrale dominiert die Silhouette der Stadt

Kirchen und Klöster

Alexander-Newski-Kloster/Alexandro-Newskaja-Lawra ➡ H/J11
Nabereschnaja Reki Monastyrki 1
Metro Ploschtschad Alexandra Newskowo
✆ (812) 274 04 09
Tägl. außer Do 10–19, So 11–17 Uhr
Die Gründung des barocken Klosters im Jahr 1710 geht auf Peter den Großen zurück und erfolgte zu Ehren von Fürst Alexander Newski von Nowgorod. Dieser errang 1240 an der Newa einen bedeutenden Sieg über die Schweden. Ende des 18. Jahrhunderts erhob Zar Paul I. das Kloster zur *Lawra*. *Lawra* ist im orthodoxen Mönchtum eine »Gasse«, genauer eine Einsiedlerkolonie. Die Bezeichnung ist der Ehrentitel für wichtige Klöster der russisch-orthodoxen Kirche und ist mit Privilegien verbunden.
Auf der Anlage befinden sich drei Kirchen.

❺ Christi-Auferstehungskirche/Spas na Krowi ➡ aC5
Nabereschnaja Kanala Griboje-
dowa 2
Metro Newski Prospekt, Gostini Dwor
✆ (812) 314 21 68, 315 16 36
Tägl. außer Mi 11–19 Uhr
Eintritt 300 RUB
Die wunderschöne, an die Moskauer Basilius-Kathedrale erinnernde Kirche, wird auch »Erlöserkirche auf dem Blute« genannt. Sie wurde von 1883–1907 erbaut und mit zahlreichen Mosaiken verziert. Man errichtete sie an der Stelle, an der auf Kaiser Alexander II. am 1. März 1881 ein tödliches Attentat ausgeübt wurde.

❶ Isaakskathedrale/Isaakijewski sobor ➡ aD2
Isaakiewskaja Ploschtschad 1
Metro Gostini Dwor, Newski Prospekt
✆ (812) 315 97 32
Tägl. außer Mi Museum 10.30–20 Uhr, Säulengalerie 10.30–19, Einlass bis 18 Uhr, Eintritt 300 RUB
Die prunkvoll verzierte Kathedrale ist die drittgrößte der Welt und die prächtigste in St. Petersburg. Von ihren goldenen Kuppeln, die die Silhouette der Stadt dominie-

ren, hat man einen traumhaften Ausblick. Der Durchmesser der Hauptkuppel beträgt 26 m. Der Bau der größten russischen Kirche, bei dem über eine halbe Million Leibeigene schwerste Fronarbeit leisten mussten, dauerte fast 50 Jahre (1810–58).

Kasaner Kathedrale/Kasanski Sobor und Museum der Religionsgeschichte ⟶ aD4

Kasanskaja Ploschtschad 2
Metro Newski Prospekt, Gostini Dwor
℗ (812) 318 45 28 (Vorbestellung von Führungen)
Gottesdienste tägl. 10 und 18 Uhr
Das imposante klassizistische Meisterwerk wurde von 1801–11 erbaut und hat einen Grundriss in Kreuzform. Beeindruckend und ein architektonisches Highlight ist die zum Newski Prospekt geöffnete halbrunde Halle mit 96 korinthischen Säulen. Die 70 Meter hohe Kuppel ist weithin über die Stadt zu sehen.

Lutherische Petri-Kirche/Sobor Petra ⟶ aC4

Newski Prospekt 22–24, Metro Newski Prospekt
℗ (812) 312 07 98
Tägl. 13–19, So bis 18 Uhr

Moschee für die muslimischen Tataren zur Zeit Peters des Großen

Gottesdienste (dt./russ.) So 10.30 Uhr
Die Kirche wurde 1830 von Alexander Brüllow für die deutsche Gemeinde St. Petersburgs im neoromanischen Stil erbaut. Während hier zu Sowjetzeiten ein Schwimmbad eingebaut war, finden heute wieder evangelische Gottesdienste statt und eine Ausstellung zeigt die Geschichte der Deutschen in St. Petersburg.

Moschee/Sobornaja Metschet ⟶ A/B6

Kronwerkski Prospekt 7, Metro Gorkowskaja
℗ (812) 233 98 19
Seit der Zeit Peters des Großen bewohnten auch muslimische Tataren die Stadt. 1912 finanzierte die muslimische Gemeinde St. Petersburgs diese Moschee, die der Gour-Emir-Moschee in Samarkand nachempfunden ist und deren Turmspitze türkise Kacheln schmücken. Sie ist die nördlichste Moschee der Welt und Zeichen religiöser Toleranz des Zarenreiches.

Nikolaus-Marine-Kathedrale/Nikolski Morskoj Sobor ⟶ H3/4

Nikolskaja Ploschtschad 1–3
Metro Sadowaja, Sennaja Ploschtschad
Gottesdienste tägl. 10 und 18 Uhr
Ein Besuch der fünfkuppeligen Barockkirche von Tschewakinskij (1762) lohnt sich besonders wegen ihres »Innenlebens«, bemerkenswert die prächtigen Goldarbeiten in der Oberkirche sowie die Ikonen. In der Kirche wurde 1966 die Totenmesse für die berühmte Dichterin Anna Achmatowa zelebriert. Die Fassade ähnelt Rastrellis meisterhaftem Katharinenpalast in Zarskoje Selo. Kein Wunder, war Tschewakinskij doch ein Musterschüler des erfolgreichen Architekten. Das Innere der Kirche ist in zwei Etagen unterteilt. In der Unterkirche (Erdge-

Ein Musterbeispiel für den so genannten »Petersburger Barock« ist das Smolny-Kloster von Rastrelli

schoss) finden die täglichen und »alltäglichen« Gottesdienste statt, die Feiertagsgottesdienste werden vorwiegend in der Oberkirche abgehalten.

Peter-Paul-Kathedrale/Petropawlowski Sobor ➡ B5

Petropawlowskaja Krepost
Metro Gorkowskaja
℅ (812) 238 05 11, tägl. außer Mi 11–17, Di 11–16 Uhr
Die älteste Kathedrale der Stadt und das Herzstück der Peter-Paul-Festung. Der Italiener Trezzini stellte sie 1733, nach einer Bauzeit von 21 Jahren, fertig. Die goldene Turmspitze der Kathedrale in frühbarockem holländischem Stil zählt zu den Wahrzeichen der Stadt. Der 122,5 m hohe Glockenturm war lange Zeit der höchste Russlands. In der Gruft der Kathedrale befinden sich die Gräber der Romanow-Dynastie und der Zarenverwandten. Medienwirksam fand hier 1998 die Beisetzung des letzten Zaren, Nikolaus II., und seiner Familie statt, die 1918 in Jekaterinburg ermordet wurde.

Smolny-Kathedrale/Smolni Sobor ➡ C12

Ploschtschad Rastrelli 3/1
Metro Tschernischewskaja, dann mit den Bussen 22, 134 oder 136
℅ (812) 271 91 82, 271 95 43 (Auskünfte zu Konzerten)
Tägl. außer Do 11–17 Uhr
Die Hauptkirche wurde als Alterssitz für Zarin Elisabeth I. errichtet. 1748 gab sie Anweisung, ein Kloster zu errichten. Das pastellblau-weiße Barockwunder ist das letzte Meisterwerk Rastrellis. Die Fertigstellung erlebte weder sie noch ihr Baumeister, denn der Architekt musste 1764 Russland unter Katharina II. verlassen und damit die Bauarbeiten abbrechen. Katharina gründete hier die erste Schule Russlands für Frauen, die allerdings nur adligen Töchtern vorbehalten war. Nonnen lebten zu keiner Zeit im Smolny-Kloster. Der Name »Smolny« stammt vom russischen Wort für Teer, *Smola*. Er erinnert daran, dass in St. Petersburg der Teer für die Schiffe der Werft gegossen wurde. Heute finden hier Ausstellungen und Konzerte klassischer und geistlicher Musik statt. Für Gottesdienste wird das Gebäude nicht mehr genutzt. Auf dem höchsten Turm der Kathedrale ist eine Aussichtsplattform, von der man eine schöne Sicht über die Stadt hat.

Architektur und andere Sehenswürdigkeiten

Anitschkow-Palast/Anitschkow Dworez ➡ aE6/7

Newski Prospekt 39
Metro Newski Prospekt, Gostini Dwor

Der im Laufe seiner Geschichte mehrfach umgebaute Palast aus der Mitte des 18. Jahrhunderts war ein Geschenk der Zarin Elisabeth I. an ihren Liebhaber Alexej Rasumowski. Nach seinem Tod schenkte wiederum Katharina die Große ihrem Liebhaber Fürst Potjomkin den Palast. Seinen Namen hat der Palast dem Militäringenieur Michail Anitschkow zu verdanken.

Neben dem Palast an der Anitschkow-Brücke befindet sich ein Anlegeplatz für **Schifffahrten auf der Newa und ihren Kanälen**.

Jussupow-Palast/Jussupowski Dworez ➡ F3

Nabereschnaja Reki Moiki 94
Metro Sennaja Ploschtschad, Sadowaja
✆ (812) 314 98 83, 314 88 93 (Gruppenführungen)
www.museum.ru/M240
Tägl. 11–17 Uhr (nur mit Führung, Anmeldung nötig)
Eintritt Säle 500 RUB, Rasputin-Ausstellung 300 RUB

Der klassizistische Bau stammt vom französischen Stararchitekten Jean-Baptiste Michel Vallin de La Mothe. Die Adelsfamilie Jussupow, die zu den reichsten Familien Russlands zählte, brachte hier ihre Gemäldesammlung unter. Heute ist er Kulturpalast der Mitarbeiter des Bildungswesens und aus mehreren Gründen ein viel besuchter Ort: Im Dezember 1916 wurde hier der Zarengünstling Rasputin durch Felix Jussupow im Keller unter mysteriösen Umständen ermordet, außerdem trat hier der berühmte Sänger Fjodor Schaljapin auf. In einem kleinen Theater (180 Plätze) werden noch heute Konzerte und Opern aufgeführt.

❾ Katharinenpalast in Puschkin ➡ bD/bE4

Puschkin (Zarskoje Selo)
Anfahrt von St. Petersburg: Von der Metrostation Moskowskaja fahren die Busse 371 und 382 und die Sammeltaxis 342, 286, 287, 545 und 347 in etwa 30 Minuten nach Puschkin. Alternativ kann man mit der Elektritschka vom Witebsker Bahnhof (Metrostation Puschinskaja) in etwa 35 Minuten bis zur Haltestelle Djetskoje Selo fahren (www.pushkin-town.net).
✆ (812) 465 20 24, www.tzar.ru
Tägl. außer Di 10–17 Uhr
Eintritt: 280–550 RUB
Park tägl. 9–22 Uhr, 18–22 Uhr Eintritt frei

Die frühere Zarenresidenz wurde im Zweiten Weltkrieg stark zerstört; später aufwendig wieder

Grigori Jefimowitsch Rasputin, der »Heilige Teufel« am Zarenhof, wurde 1869 in Sibirien geboren. Zuerst Bauer und später Wanderprediger, wurde er 1903 Lampenwärter für Heiligenbilder am Zarenhof in St. Petersburg. Ihm wurden Fähigkeiten als Wunderheiler nachgesagt, und da der Thronfolger Alexej unter der »Bluterkrankheit« litt, erhoffte sich die Familie Heilung durch Rasputin, der bald großen Einfluss auf alle Entscheidungen der Zarin Alexandra hatte. Eine adlige Verschwörertruppe unter Felix Jussupow ermordete Rasputin am 20. Dezember 1916.

Der prunkvolle Porträtsaal von Schloss Peterhof

aufgebaut. Hauptattraktion ist das rekonstruierte Bernsteinzimmer.

Im Anbau ist das **Puschkin-Museum** (tägl. außer Di 10.30–18 Uhr) untergebracht.

Konstantinpalast/Konstantinowski Dworez ⮕ bD3
Strelna, Uliza Bolnischnaja Gorka 2

Anreise von St. Petersburg: Vorstadtzug vom Baltischen Bahnhof bis zur Haltestelle Strelna (etwa 25 Minuten)

℡ (812) 438 53 60

Tägl. 10.30–18.45 Uhr (nur mit Führung, bei Gruppen Voranmeldung)

Eintritt Palast 170–280 RUB (je nach Führungslänge und Wochentag), Park 100 RUB

Das Palast- und Parkensemble im kleinen Vorort Strelna wurde 1715 von Peter dem Großen gegründet und sollte ein imperialer Wohnsitz werden, blieb aber zunächst unvollständig und erfuhr seine Blüte und Vollendung 1778–1831 unter Großfürst Konstantin. Präsident Putin ließ das Zarenschloss in Rekordzeit für etwa 280 Millionen US-Dollar vollständig sanieren und eröffnete dort 2006 den ersten russisch geleiteten G8-Gipfel. Neben prächtigen Pavillons und französischen Gärten gibt es einen Bootsanleger, an dem im 15-Minuten-Takt Tragflächenboote anlegen.

❽ Schlossanlage Peterhof/Petergof ⮕ bC2/3
Petrodworez

Anfahrt von St. Petersburg: Mit der Metro bis zur Station Awtowo und weiter mit einem »Marschrutki« (Sammeltaxi) oder bis zur Station Leninski Prospekt und weiter mit dem Bus 224. Schneller, aber teurer geht es im Sommer mit dem Tragflügelboot von der Anlegestelle am Winterpalast – 30 Minuten bis zum Schlosspark.

℡ (812) 420 00 73

www.peterhof.ru

Park: tägl. 9–19 Uhr, Eintritt 350 RUB.

Fontänen Mai–Sept. 11–17 Uhr, Eintritt 300 RUB

Großer Palast: Di–So 10.30–18 Uhr, Mo und letzter Di im Monat geschl.

Eintritt 500 RUB

Schatzkammer (Osobaja Kladowaja): Eintritt 400 RUB

Monplaisir: tägl. außer Mi 10.30–18 Uhr, Eintritt 300 RUB

1714 von Peter dem Großen nach dem Vorbild Versailles erbaute

45

Sommerresidenz der Zaren. In der prachtvollen barocken Schlossanlage dominiert das Thema Wasser als Sinnbild dafür, dass sich Russland zur Seemacht entwickelt hatte.

Zarenresidenz Pawlowsk/Imperatorskaja Residenzija Pawlowsk
➡ bE4/5

Pawlowsk, Anreise von St. Petersburg: Mit der Metro bis zur Station Puschkinskaja oder Kuptschino, dann vom Witebsker Bahnhof in ca. 40 Min. mit der Elektritschka bis nach Pawlowsk. Der Eingang zum Park ist gegenüber dem Bahnhof, zum Palast sind es etwa 30 Min. zu Fuß.

© (812) 470 21 56
www.spb-guide.ru/pavlovsk.htm
Tägl. 10–17 Uhr
Eintritt Palast 370 RUB
Park 100 RUB
Klassizistische Sommerresidenz russischer Zaren. Unter der Leitung von Sophia Dorothea Augusta Luisa von Württemberg, die sich als Zarin später Maria Fjodorowna nannte, erlangten die Schlösser und englisch angelegten Gärten in 40 Jahren internationalen Ruf.

Admiralität/Admiralitejstwo
➡ aC2
Admiralski Prospekt 2
Metro Newski Prospekt

Musterbeispiel des russischen Klassizismus: die Admiralität

Quadriga auf dem Generalstabsgebäude am Schlossplatz

Um die junge Stadt vor den Angriffen der Schweden zu schützen, baute Peter der Große 1711 diese befestigte Werft gegenüber der Peter-Paul-Festung. Durch die russischen Schiffe, die hier vom Stapel liefen, baute Russland seine Position als Seemacht aus. Die goldene Spitze ist Wahrzeichen der Stadt und Schnittpunkt der drei größten Prospekte.

Duma (Das Stadtparlament)
➡ aD5
Newski Prospekt
Das 1787 von Quarenghi erbaute Gebäude erhielt 1804 von Ferrari den markanten, weit sichtbaren, fünfeckigen Turm. Er sollte sowohl als Feuerwache als auch als Telegraphenmast dienen.

Generalstabsgebäude/Sdanije Glawnowo Schtaba ➡ aC3/4
Am Schlossplatz
Der Architekt dieses halbrunden klassizistischen Gebäudes war einmal mehr Carlo Rossi, der die Stadt an so vielen Stellen nachhaltig prägte. Im Zentrum auf dem Triumphbogen steht die Statue »Kampfwagen des Sieges«. Von weitem erinnert sie an die Quadriga auf dem Brandenburger Tor.

Jelissejew ➡ aD6
Newski Prospekt 56
Metro Gostini Dwor, Newski Prospekt
✆ (812) 311 93 23
Mo–Fr 9–21, Sa 10–20 Uhr
Nobler Delikatessenladen in markantem Jugendstilgebäude mit eleganten Linien und Bögen, Kronleuchtern, Spiegeln und Holzvertäfelung. Durchaus möglich, dass dies der schönste Lebensmittelladen der Welt ist!

Moskauer Bahnhof/Maskowski Waksal ➡ F/G9
Ploschtschad Wosstanija 2
Der Moskauer Bahnhof ist der größte und älteste in St. Petersburg. Seine historische Fassade zeigt schöne Neo-Renaissance-motive und einen Uhrturm.
Bis Ende 2010 soll neben dem Bahnhof die »Galeria«, das größte Einkaufszentrum der Innenstadt, entstehen. Es ist daher mit Großbaustellen zu rechnen.

❼ Peter-Paul-Festung/Petropawlowskaja Krepost ➡ B/C5
Petropawlowskaja Krepost
Metro Gorkowskaja, Sportivnaja
✆ (812) 238 05 11, 498 05 11
www.spbmuseum.ru/peterpaul

Tägl. außer Mi 10–18, Di 10–17 Uhr, letzter Di im Monat geschl. (die Festung selbst ist tägl. bis 22 Uhr geöffnet)
Eintritt alle Museen 250 RUB
Kaiserbastion 100 RUB
Das ursprünglich als militärische Befestigungsanlage geplante Bauwerk kam nie in dieser Funktion zum Einsatz; ab 1717 wurde es hauptsächlich als Gefängnis genutzt. Der Architekt Trezzini gab der Festung auf der Haseninsel die Form eines unregelmäßigen Sechsecks. Auf dem Gelände befindet sich auch die **Peter-Paul-Kathedrale**. Heute ist die Anlage ein beliebtes Ausflugsziel für Touristen und Einheimische. Pünktlich um 12 Uhr ertönt täglich ein Kanonenschuss.

Saltykow-Schtschedrin-Bibliothek/Bibliotekaimeni Saltykowa-Schtschedina ➡ aD6
Sadowaja Uliza 18
Metro Newski Prospekt, Gostini Dwor
✆ (812) 310 28 56, 310 68 75

Tägl. 9–21 Uhr
Die Saltykow-Schtschedrin-Bibliothek in St. Petersburg ist die russische Nationalbibliothek und wird von den Petersburgern und Gästen aus aller Welt intensiv genutzt. Sie besitzt über 30 Millionen Werke in 85 Sprachen und ist nach der Lenin-Bibliothek in Moskau die zweitgrößte Russlands. In dem schönen dreigliedrigen Gebäude fühlen sich die Besucher fast wie in einem Museum.

Plätze, Parks und Friedhöfe:

Sytni Rynok ➡ A4
Sytinskaja Ploschtschad 3/5
Metro Gorkowskaja
✆ (812) 233 22 93
Mo–Sa 8–19, So 8–16 Uhr, am letzten Mo im Monat geschl.
Der Sytni ist der älteste Markt der Stadt. Seit 1711 wird hier gehandelt und gefeilscht. In Bretterverschlägen, Holzbuden und aus Plastikhütten wird alles verkauft, was irgendjemand gebrauchen kann oder auch nicht.

Newski prospekt und Christi-Auferstehungskirche

Der Schlossplatz mit Blick auf das klassizistische Generalstabsgebäude

Verkäufer aus Moldawien, Georgien und Mittelasien warten hinter kunstvollen Konstruktionen aus Konservendosen, Tee- und Kaffeepäckchen, Pistazien, Datteln, Keksen und Nüssen auf Kunden.

Witebsker Bahnhof/Witebski Waksal ➡ H6
Sagorodnij Prospekt 52
Metro Puschinskaja
Der 1904 erbaute Jugendstilbahnhof ist der schönste der Stadt. Treppe und Wartesaal sind exzellente Musterbeispiele dieser Epoche.

④ Newski Prospekt ➡ E5–H11
Die 4,5 km lange Prachtstraße und Lebensader der Stadt besticht durch aufwändig renovierte Adelspaläste, teure Geschäfte, schicke Cafés und Restaurants sowie einen ganz eigenen Charme, der dem Prospekt auch einen Platz in zahlreichen Werken der russischen Literatur verschaffte. Als »große Perspektive« entstand er 1709 als Schneise im Wald, die Verbindung zwischen der Newa und der Straße nach Nowgorod.

Bankbrücke/Bankarski Most ➡ aD5
Nabereschnaja Kanala Gribojedowa
Metro Gostini Dwor
Sie zählt zu den schönsten Fußgängerbrücken St. Petersburgs. Ihren Namen erhielt die 1825/26 errichtete Konstruktion von der Assignatenbank, an deren Rückseite sie sich befindet. Die Bank, die das erste Papiergeld Russlands ausgab, wurde von Katharina II. gegründet. Vier gusseiserne Greife mit vergoldeten Flügeln schützen als »Bewahrer des Goldschatzes« die Brücke.

Dekabristenplatz/Ploschtschad Dekabristow ➡ E4
Einer der geschichtsträchtigsten und schönsten Plätze St. Petersburgs, benannt nach dem Aufstand adliger Offiziere und Soldaten, der hier am 26. Dezember 1825 begann und später niedergeschlagen wurde. Den Platz be-

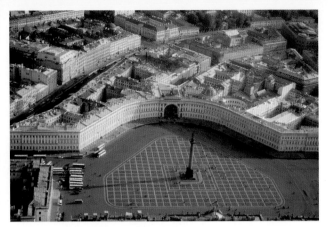

Der Schlossplatz aus der Vogelperspektive

grenzen im Osten die Admiralität, im Süden die Isaakskathedrale und im Westen die Gebäude von Senat und Synod. In der Mitte steht das Denkmal des »Ehernen Reiters« – Peter der Große.

Marsfeld/Marsowo Polje ⇒ D6
Metro Gostini Dwor
Im Zentrum des 12 ha großen Platzes befindet sich seit 1919 das imposante Ehrenmal »Für die gefallenen Helden der Revolution«. Bereits unter Peter I. war das Marsfeld Parade- und auch Vergnügungsplatz für die Bevölkerung. Seit dort das berühmte »Pawlowsche Regiment« exerzierte, heißt der Platz »Marsfeld«. Noch heute ist er von Bauwerken bedeutender Architekten gesäumt.

❷ Schlossplatz/Dwortsowaja Ploschtschad ⇒ D/E5
Dieser von Carlo Rossi geschaffene Platz ist der schönste der Stadt. Er ist umgeben vom halbrunden Gebäude des Generalstabs und dem Winterpalast mit der Eremitage. Im Zentrum steht die **Alexandersäule**, die 1832 als Zeichen des Sieges über Napoleon errichtet wurde. Sie ist 47,5 m hoch; auf ihrer Spitze befindet sich ein Engel mit einem 6 m hohen Kreuz in der Hand. Der Platz war Zeuge wichtiger historischer Momente wie des »Blutsonntags« 1905 und der Oktoberrevolution 1917.

Strelka ⇒ C/D4
Birschewaja Ploschtschad
Metro Newski Prospekt
Die Strelka ist die Ostspitze der Wassilij-Insel. Sie teilt den Fluss in die Große und die Kleine Newa. Bevor 1810 von Thomas de Thomon Börse und Rostra-Säulen fertiggestellt wurden, befand sich seit 1733 hier bereits der Hafen der Stadt. Mit den 32 m hohen Säulen bekam dieser dann auch Leuchttürme. Heute kommen, neben Touristen, viele Hochzeitspaare zum »Zünglein«, um – einem alten Brauch folgend – mit »Schampanskoje« auf Glück in der Liebe anzustoßen und dann die Gläser an der Ufermauer zu zerschmettern.

⚜ Sommergarten/Letni Sad ⇒ C/D7
Nabereschnaja Utusowa/Uliza Pestelja
Der Sommergarten ist der älteste Park der Stadt, er wurde bereits 1704 eröffnet. War der Zugang früher nur dem Adel gestattet,

so wurde er im 19. Jahrhundert allen Bürgern zugänglich gemacht. Man findet wunderschöne Marmorstatuen, die im Winter allerdings zum Schutz vor der Kälte in Holzverkleidung gepackt werden. Wegen Generalsanierung bis 2011 geschlossen.

⑩ Klosterfriedhöfe am Alexander-Newski-Kloster/Kladbischtscha Alexandro-Newskoj Lawrui ➡ H11

Ploschtschad Alexandra Newskowo, Metro Ploschtschad Alexandra Newskowo
Tägl. 11–18 Uhr
Der **Tichwiner** und der **Lazarus-Friedhof** sind die ältesten Friedhöfe der Stadt. Der ältere der beiden ist der Lazarus-Friedhof; hier sind die Gräber bedeutender Architekten wie Carlo Rossi, Giacomo Quarenghi, Thomas de Thomon, Andrej Sacharow und Andrej Worochin. Auch der russische Universalgelehrte Michail Lomonossow fand hier seine letzte Ruhestätte.

Der **Tichwiner Friedhof** beherbergt seit 1823 die Grabstätten verschiedener Dichter wie Iwan Krylow und Fjodor Dostojewski sowie bedeutender Komponisten wie Peter Tschaikowski, Nikolai Rimski-Korsakow, Michail Glinka und Modest Mussorgski.

Piskarjow-Gedenkfriedhof/ Piskarjowskoje memorialnoje Kladbischtsche ➡ bC4

Prospekt Nepokorennych 74
Metro Ploschtschad Muschestwa, dann mit dem Bus 123
℗ (812) 247 57 29
Tägl. 10–18 Uhr, Eintritt frei
Hier fanden die 470 000 Menschen ihre letzte Ruhe, die während der 900-tägigen Belagerung Leningrads durch deutsche Truppen verhungerten oder erfroren. Die zwölf Meter hohe Bronzestatue »Mutter-Heimat« breitet ihre Arme über die vielen Gräber aus.

Wolkow-Friedhof/Wolkowskoje Kladbischtsche ➡ südl. K8

Rasstanaja Uliza 30
Metro Ligowski Prospekt, dann mit Straßenbahnen 10, 25, 44 oder 49
℗ (812) 166 23 83
Tägl. 10–18 Uhr, Eintritt frei
Die größte Friedhofsanlage St. Petersburgs wurde 1756 gegründet. Sie war Ersatz für eine in der Nähe des Stadtzentrums gelegene Anlage, denn die Zarin mochte den Anblick der Gräber beim Sonntagsspaziergang nicht!
Hier haben seit der Zarenzeit Petersburger jeglicher Schicht und jeglichen Standes ihre letzte Ruhestätte gefunden, darunter berühmte Denker, Forscher, Dichter. Die »VIP-Abteilung« des Friedhofs ist nach Berufsgruppen und Tätigkeiten geordnet. Die russischen Dichter Blok und Turgenjew liegen im »Schriftstellergässchen«, Balletttänzer und Sänger findet man im »Artistenweg«. Pawlow liegt neben seinen ehemaligen Kollegen in der Ecke der Ärzte. ∎

Marmorstatue im Sommergarten, dem ältesten Park der Stadt

Erleben & Genießen

Übernachten

St. Petersburg ist einer der Tourismusschwerpunkte Russlands. Obwohl es inzwischen viele neue Hotels gibt, alte renoviert und westlichem Standard angepasst wurden, kann die Kapazität mit der jährlich steigenden Zahl von Touristen kaum mithalten. Von Mai bis September ist Hauptsaison und die Hotels sind entsprechend überfüllt. Es ist durchaus üblich, dass die Preise dann um bis zu 40 Prozent steigen. In den Sommermonaten sind die Hotels im Prinzip ausgebucht. Denken Sie daher daran, rechtzeitig zu reservieren!

Hotels im Stadtzentrum sind meist sehr teuer. Wer etwas außerhalb eincheckt, kann Einiges sparen. Sie sollten unbedingt darauf achten, dass eine Metrostation in der Nähe ist.

Die folgenden Preiskategorien gelten für ein Doppelzimmer pro Nacht:

€ – bis 150 Euro
€€ – 150 bis 200 Euro
€€€ – 200 bis 250 Euro
€€€€ – über 250 Euro

Hotel Astoria ➜ F4
Bolschaja Morskaja Uliza 39
190000 St. Petersburg
℆ (812) 494 57 57, Fax (812) 494 50 59
www.hotelastoriastpetersburg.de
Elegantes Fünf-Sterne-Hotel in einem Jugendstilgebäude in perfekter Lage direkt im historischen Stadtkern. Vielleicht das beste Frühstücksbuffet der Stadt. €€€€

Hotel Ambassador ➜ H2
Prospekt Rimskowo-Korsakowa 5
190068 St. Petersburg
℆ (812) 331 88 44, Fax (812) 331 93 00
www.ambassador-hotel.ru
Das direkt im Zentrum befindliche Vier-Sterne-Hotel wurde 2005 in einem historischen Stadtpalast eröffnet. Viele Sehenswürdigkeiten, wie auch das Mariinski-Theater und die Isaakskathedrale sind zu Fuß erreichbar. €€€€

Radisson Royal ➜ F8
Newski Prospekt 49
191025 St. Petersburg

℆/Fax (812) 322 50 00
www.radissonblu.ru
Eleganz, Lage und Atmosphäre des Fünf-Sterne-Hotels im barocken Gebäudes des 18. Jh. lassen keine Wünsche offen.
€€€€

Grand Hotel Emerald ➜ F10
Suworowski Prospekt 18
191036 St. Petersburg
℆ (812) 740 50 00
Fax (812) 740 50 01
www.grandhotelemerald.com
Luxuriöses Design mit Glasfronten und weiten Räumen. €€€

Hotel Moika 22 Kempinski ➜ D5
Nabereschnaja Reki Moiki 22
191186 St. Petersburg
℆ (812) 335 91 11
Fax (812) 335 91 90
www.kempinski.com
Dieser 1852 von Basil von Witte errichtete ehemalige Palast wurde 2005 von der Kempinski-Gruppe als Hotel eröffnet. €€€

Angleterre ➜ D6
Bolschaja Morskaja 39
190000 St. Petersburg
℆ (812) 494 56 66
Fax (812) 494 51 25
www.angleterrehotel.com
Das Haus aus den 1920er-Jahren wurde nach Komplettsanierung als Hotel eröffnet. €€€

Lobby im Hotel Astoria

Five Corners (Pjatui ugol) ➡ G7
Sagorodni Prospekt 13
191002 St. Petersburg
✆/Fax (812) 380 81 81
www.5ugol.ru
Kleines, modernes Hotel mit nur
30 Zimmern, südlich des historischen Stadtkerns. €€€

Helvetia Hotel & Suites ➡ G8
Uliza Marata 11
191025 St. Petersburg
✆ (812) 326 53 53
Fax (812) 326 20 09
www.helvetia-suites.ru
Elegantes Bürgerhaus aus dem
19.Jh., mit 59 Zimmern. €€€

Novotel St. Petersburg Centre
➡ F8
Uliza Majakowskowo 3a/Newski
Prospekt, 191925 St. Petersburg
✆ (812) 335 11 88
Fax (812) 335 11 80
www.novotel.com
Zentrale Lage in der Nähe von
Eremitage und Winterpalais, nur
500 m bis zum Moskauer Bahn-
hof. Hell und freundlich. €€€

Arbat Nord Hotel ➡ D8
Artilleriskaja Uliza 4
191104 St. Petersburg
✆ (812) 703 18 99
Fax (812) 703 18 98
www.arbat-nord.ru
Kleines, komfortables Hotel mit
33 Zimmern, zentral gelegen.
Man spricht Englisch. €€

Best Western Hotel Neptun ➡ J7
Nabereschnaja Obwodnowo Kanala 93a
191119 St. Petersburg
✆ (812) 324 46 10
Wegen seiner Zentrumsnähe besonders bei Geschäftsleuten beliebtes Hotel. Ab €€

Hotel Matisow Domik ➡ G2
Nabereschnaja Reki Prjaschki 3/1
119121 St. Petersburg
✆ (812) 45 02 42
Fax (812) 495 24 19
www.matisov.com
Kleines modernes, 1993 als Fami-
lienunternehmen eröffnetes Hotel und ist für seinen freundlichen
Service bekannt. ab €€

Mini-Hotel Austrian Yard ➡ D9
Furschtatskaja Uliza 45
191123 St. Petersburg
✆/Fax (812) 579 82 35
www.austrianyard.com
Geheimtipp mit lediglich vier pas-
tellfarbenen Zimmern. €€

Hotel Sankt Petersburg ➡ A7
Pirogowskaja Nabereschnaja 5
194175 St. Petersburg
✆ (812) 380 19 19
Fax (812) 380 19 20
www.hotel-spb.ru
Das Mittelklassehotel im Zentrum
St. Petersburgs bietet einen fas-
zinierenden Blick auf die Newa,
den Palast-Kai und den Panzerkreuzer »Aurora«. Ab € ■

Essen und Trinken: Restaurants, Cafés

Viele Lebensgewohnheiten in Russland haben sich in den letzten Jahren geändert, aber immer noch wird traditionell dreimal am Tag warm gegessen – sofern Zeit- und Geldnot dies nicht verhindern. Obwohl viele der mehr als Tausend Restaurants der Stadt internationale Küche bieten, ist die typisch russische Küche eine Bauernküche mit viel Fleisch und großen Portionen geblieben. So ist es auch nicht verwunderlich, dass die Restaurants zu den typischen Essenszeiten, mittags und abends, meist voll besetzt sind. Man tut gut daran, rechtzeitig einen Tisch zu reservieren.

Bei größeren Feierlichkeiten gibt es in der Regel vier Gänge. Zuerst gibt es verschiedene Salate, Fisch, Wurst und Käse, danach Suppe mit Sauerrahm und dazu Brot. Daran schließt sich der Hauptgang mit Fleisch an, dazu werden Kartoffeln oder Reis gereicht. Es folgt der Nachtisch mit Eis oder Kuchen und Tee oder Kaffee.

Spektakulär sind die Vorspeisen *(Sakuski)*, die aus verschiedenen Sorten von kaltem, geräucherten Fisch, rotem und schwarzem Kaviar, Bratenaufschnitt und Salaten bestehen. Wer da nicht Maß hält, ist schon vor dem Hauptgang satt! Bereits zu den *Sakuski* wird Wodka getrunken, der in 100-Gramm-Einheiten oder gleich als Flasche auf den Tisch kommt.

Insgesamt schmeckt das Essen ausgezeichnet, ist aber eher ein wenig fettig. Grundnahrungsmittel sind – neben Brot – auch Kartoffeln. Generell wird kräftig gesalzen.

Erkundigen Sie sich beim Betreten des Restaurants, ob Sie mit Kreditkarte bezahlen können oder nur in Rubel. In guten Restaurants ist es üblich, zu warten, bis man einen Platz zugewiesen bekommt.

Die folgenden Restaurants sind alphabetisch sortiert, die angegebenen €-Preiskategorien beziehen sich auf ein Hauptgericht ohne alkoholische Getränke:

€   – bis 15 Euro
€€   – 15 bis 25 Euro
€€€ – über 25 Euro

Restaurants

Bellini ➡ E2
Universitetskaja Nabereschnaja 13
Trolleybus 10, Bus 7
✆ (812) 325 11 22, tägl. 12–4 Uhr
Clubrestaurant im Menschikow-Palast. Leichte mediterrane Küche in minimalistischem Ambiente, dafür mit herrlicher Aussicht auf St. Petersburg. Reservieren! €€€

Davidoff ➡ E4
Bolschaja Morskaja 39
✆ (812) 313 58 15, tägl. 11–23 Uhr
Das im bekannten und edlen Hotel Astoria befindliche Restaurant gehört zweifellos zu den besten der Stadt. Richtig empfehlenswert ist der »Russian Table« (Fr 18–23, Sa–So 12–23 Uhr). Da gibt es russische Spezialitäten von Blinis über Borschtsch bis hin zu Kaviar. Im Preis von akzeptablen € 40 sind Bier zum Essen und 1/4 l besten russischen Wodkas eingeschlossen. €€€

Da Vinci ➡ E4
Malaja Morskaja 15
Metro Sadowaja
✆ (812) 315 93 34
www.davinci.spb.ru
Szenerestaurant unweit der Isaakskathedrale. Exquisite Gerichte der russischen Küche wie

Gemütlich und doch grandios: Speisen im Angesicht der Größen des Zarenreichs

Kaviar, Stör und anderen Delikatessen. Beste Bedienung, dezente Livemusik und Ausstellungen lokaler Künstler locken auch viele Promis an. €€€

Idiot ⇒ F3
Nabereschnaja Reki Mojki 82, Nähe Admiralität
✆ (812) 315 16 75, tägl. 11–1 Uhr
Benannt nach Dostojewskis Roman ist das Restaurant in einem pinkfarbenen Kellergewölbe stark von Touristen frequentiert. Vegetarische Gerichte und vorzügliche russische Küche; dazu gibt es Jazzmusik. €€

Kalinka Malinka ⇒ E6
Italjanskaja Uliza 5
Metro Newski Prospekt
✆ (812) 314 26 81
www.kalinka-malinka.spb.ru
Kleines folkloristisches Restaurant, russische Küche begleitet von traditioneller Musik. Reservieren! €€€

Kamelot ⇒ D6
Newski Prospekt 22
Metro Newski Prospekt
✆ (812) 32 99 06
www.camelot.spb.ru
Tägl. 12–24 Uhr
Ausgewählte Speisen europäischer Küche werden fast wie im mittelalterlichen England dargereicht. Auf den Servietten stehen Heldentaten von Rittern. Ein Restaurant für Liebhaber der Epoche von König Arthur. €€€

Kawkas ⇒ E6
Italjanskaja Uliza 37
Metro Newski Prospekt, Gostini Dwor
✆ (812) 312 16 65, tägl. 11–1 Uhr
Beste georgische Küche, leckeres Schaschlik und andere Spezialitäten. Gute aber sehr teure Weine aus Georgien. €€

Propaganda ⇒ F7
Fontanka 40, Metro Newski Prospekt, Majakowskaja
✆ (812) 275 35 59
Tägl. 12–5 Uhr, 13–17 Uhr 20% Rabatt auf alle Speisen
Modernes Ambiente mit gerundeten, grauen Aluminiumwänden und eingebauten Bücherregalen, gefüllt mit russischer Lyrik. Besonders günstig sind Burger, Fisch und Steaks. €

Restaurant 7.40 ⇒ A8
Bolschoi Sampsonjewski Prospekt 108, Metro Tschornaja Retschka, Lesnaja
✆ (812) 246 34 44

Jüdisches Restaurant mit entspannter Atmosphäre in Stadtparknähe. Die Küche ist ausgezeichnet. Unbedingt probieren sollte man Piroschki mit Sauerkraut oder gefüllten Fisch.

Russkij Kitsch ➡ E2
Nabereschnaja Universitetskaja 25
Bus, Trolleybus 10
☎ (812) 325 11 22, tägl. 12–4 Uhr
Der Name ist Programm: Speisenkarten aus zerfledderten Leninmanuskripten, Leonid Breschnew und Fidel Castro beim Bruderkuss! Das Essen ist leicht, gesund und modern. Von der Glasterrasse hat man einen einzigartigen Blick auf die Stadt. €€€

Slawjanka ➡ G7
Uliza Rubinsteina 2
Metro Majakowskaja
☎ (812) 312 58 41
Tägl. 11–23 Uhr
Kellerrestaurant mit ausgezeichnetem Essen von Blinis über Suppen bis hin zu Salaten. Und das alles lecker und preiswert. €

Tian Chen ➡ G5
Gorochowaja Uliza 48
Metro Sennaja Ploschtschad
☎ (812) 310 77 03, tägl. 12–0.30 Uhr
Immer volles chinesisches Restaurant. Erinnert zwar an eine Kantine, aber das Essen ist ausgezeichnet und sehr günstig. Abends geht ohne Reservierung gar nichts. €

Tbilissi ➡ A4
Sytninskaja Uliza 10
☎ (812) 232 93 91, tägl. 11–23 Uhr
Das kleine, gemütliche Restaurant bietet leckere georgische und russische Küche zu einem guten Preis-Leistungs-Verhältnis. Die Speisekarte gibt es auf Russisch, Englisch und Finnisch. €€

Troika ➡ G7
Sagorodnij Prospekt 27
☎ (812) 113 29 99

Tägl. 12–24 Uhr
Neben ausgezeichneter russischer und europäischer Küche sorgt ein hervorragendes Showprogramm ab 20.30 Uhr für beste Unterhaltung. Vorher reservieren. €€€

Cafés

Café Vienna ➡ F8
Newski Prospekt 57
Metro Majakowskaja
☎ (812) 72 75 27 64 04
Fax (812) 72 78 65 51 73
Hier kommt echte Wiener Kaffeehausatmosphäre auf. Es gibt Wiener Torten, verschiedene Tee- und Kaffeesorten sowie internationale Zeitungen. €€

Idialnaja tschaschka ➡ D6
Newski Prospekt 15
☎ (812) 315 09 27
Tägl. 7–5 Uhr
Cafébar mit reicher Backwarenauswahl und kaltem Büffet. Hier kann man gut verschnaufen und das Treiben auf dem Newski Prospekt beobachten. €€

Literatur-Café ➡ D5
Newski Prospekt 18
☎ (812) 312 60 57
Tägl. 12–17 und 19–23 Uhr
Beliebter Treffpunkt St. Petersbürger Künstler. Hier trank Puschkin seine letzte Tasse Tee, bevor er im Duell erschossen wurde.
Die Innenausstattung ist alt, aber zum Teil schön restauriert. Im 1. Stock können Sie interessanten Lesungen lauschen und eine schöne Aussicht auf den Newski Prospekt genießen. €€

»Rico« ➡ C8
Tschaikowskaja Uliza 47
☎ (812) 279 56 91
Ein einfaches klassisches Café mit 40 verschiedenen Kaffeesorten und einer großen Auswahl alkoholischer und nichtalkoholischer Cocktails. € ■

Restaurantschiff am Ufer der Newa

Hier eine kleine Auswahl typisch russischer Gerichte und Getränke:

Russischer Borschtsch – eine kräftige, ursprünglich aus der Ukraine kommende Suppe und bis heute ein beliebtes Nationalgericht. Typische Zutaten sind, neben Fleischbrühe und Rindfleisch, hauptsächlich Zwiebeln, Weißkohl, Kartoffeln, rote Bete und Karotten.

Schtschi – Eine russische Kohlsuppe, die man mit Suppenfleisch und Sauerkraut oder Kohl oder auch vegetarisch zubereiten kann.

Blini – Russische Hefepfannkuchen, deren Teig bereits 5–6 Stunden vor dem Braten zubereitet wird. Blinis sind ausgesprochen lecker, aber – wie in dem TV-Werbespot der Klitschko-Brüder beschrieben – auch »schwere Kost«, denn damit der Teig schön dickflüssig wird, verwendet man viel Butter, Eier und Sahne.

Piroggi – Mit Fleisch oder Gemüse gefüllte Hefeteigtaschen.

Soljanka – Bedeutet auf Russisch »gesalzen« und ist ein kräftig gewürzter Eintopf mit Fleisch, Wurst oder Pilzen. Immer dabei: Salzgurken.

Pelmeni – stammt aus Sibirien: Mit Hackfleisch gefüllte Maultaschen.

Kascha – Die Buchweizengrütze gibt es meist schon zum Frühstück oder auch als Beilage zu Frikadellen.

Kwass – Ein seit Jahrhunderten beliebtes Erfrischungsgetränk. Ihm wird nachgesagt, dass es gut für die Verdauung, den Stoffwechsel und das Herz-Kreislauf-System sei. Auch soll es eine antibakterielle Wirkung haben. Sicher ist, dass es sich um einen Brottrunk mit leichtem Alkoholgehalt und süßsaurem Geschmack handelt.

Wodka – Das »Wässerchen« ist zwar weltweit bekannt, aber kein Land der Welt ist so berühmt für seinen Konsum wie Russland. Hier ist der Ursprung und tatsächlich wird Wodka in großen Mengen produziert und (leider) auch getrunken. In Maßen genossen, ist Wodka ein durchaus bekömmliches Getränk, das man in Osteuropa hauptsächlich pur und in Westeuropa vornehmlich als Basis von Cocktails verwendet. Zu den meistgetrunkenen Wodkamarken der Welt gehören »Moskowskaja« und »Stolitschnaja«, gut schmeckt auch »Standard«.

Wein – Ist in Russland sehr teuer, da er eingeführt werden muss; nur in Georgien gibt es einige, wenig bekannte Anbaugebiete.

Sekt (Schampanskoje) – Es gibt ihn in großer Auswahl und zu vernünftigen Preisen, meist kommt er von der Krim.

Bier – Beliebt, günstig und gut sind die Sorten »Baltika« und »Newski«.

»Wodka ist Gift, Gift ist Tod, Tod ist Schlaf, Schlaf ist Gesundheit. Wollen wir auf unsere Gesundheit trinken!«
Russischer Trinkspruch

Nightlife: Jazz, Clubs, Discos, Livemusik

Das Nachtleben in St. Petersburg hat einiges zu bieten und findet mehr und mehr Anschluss an westliche Metropolen. Da sich Telefonnummern und Adressen schnell ändern, sollte man aktuelle Infos an der Hotelrezeption erfragen.

In Russland ist es üblich, in Clubs und Diskotheken auch zu essen, meist gibt es eine ausgezeichnete Küche. Dank strenger Sicherheitskontrollen und Ordnungshütern vor der Tür, kommt es äußerst selten zu Zwischenfällen. Sie sollten unbedingt auf ihre Garderobe achten. Russen legen beim Ausgehen sehr viel Wert auf korrekte Kleidung. Man macht sich schick und ist in Turnschuhen, alten Jeans und schlabbernden T-Shirts nicht salonfähig.

Die Petersburger Szene trifft sich auch in großen Café-Bars. Viele von ihnen liegen in der Nähe des Newski Prospekt. Man wählt zwischen unzähligen Kaffeesorten, isst, trinkt und hört Musik.

In *Musikalnyj Clubs* wird Livemusik gespielt, in *Tanzewalnyj Clubs* legt ein DJ auf.

Tipp: Wer ins Petersburger Nachtleben eintaucht, sollte sich vorher unbedingt über den möglichen Rückweg ins Hotel informieren, da in der Zeit zwischen 1.55 und ca. 5 Uhr alle zentralen Newa-Brücken hochgezogen werden, um große Schiffe passieren zu lassen. Ein Boot in dieser Zeit zu bekommen ist schwierig und sehr teuer.

Jazz-Clubs

Borsalino Restaurant ➡ E6
Bolschaja Morskaja Uliza 39, im Hotel Angleterre
Metro Newski Prospekt
✆ (812) 494 51 15
Tägl. 21–1 Uhr Livemusik
Gute US-amerikanischer Jazz- und Bluesmusik, sowie eine gigantische Auswahl an Cocktails und ein leckeres italienisches Menü.

Jazz Philharmonic Hall ➡ G7
Sagorodni Prospekt 27
Metro Wladimirskaja
✆ (812) 164 85 65
www.jazz-hall.spb.ru
Mi/Do,So 19.30–2, Fr/Sa 21–2 Uhr
Legendärer Jazzclub mit hochkarätigen Künstlern.

JFC Jazz Club ➡ C10
Schpalernaja Uliza 33
Metro Tschernischewskaja
✆ (812) 272 98 50, www.jfc.sp.ru
Eintritt: ab 200 RUB
Tägl. 19–23 Uhr, Konzert endet 22 Uhr

Kleiner Jazz-Club auf nur 100 m², aber mit toller Livemusik und täglichem Konzertprogramm.

Clubs und Discos

Aquatoria ➡ C4
Wiborgskaja Nabereschnaja 61
Metro Lesnaja
✆ (812) 118 35 18, Di–So 22–6 Uhr
Disco mit außergewöhnlicher Innenausstattung. Man betritt sie über eine Hängebrücke an der Wand eines U-Bootes. Neben den Auftritten bekannter Gruppen laden fünf Bars, eine Kegelbahn, Billard und eine exzellente Küche zum Verweilen ein. Da das Aquatoria etwas außerhalb liegt, kann ein Taxi sinnvoll sein.

CHE ➡ G10
Poltawskaja Uliza 3
Metro Majakowskaja
Tägl. 24 Stunden
In diesem äußert beliebten Kaffee-Club der Stadt finden u.a. Weinproben und am Wochenende la-

Nachtleben schwergemacht: Zwischen 1.55 und 5 Uhr werden alle zentralen Newa-Brücken hochgezogen; die Bolsheohtinskij-Brücke vor der Smolny-Kathedrale

teinamerikanische Tänze statt. Für Raucher gibt es einen Extra-Saal.

Fish Fabrique ➡ G9
Ligowski Prospekt 53
Metro Majakowskaja, Ploschtschad Wosstanija
www.fishfabrique.spb.ru
Tägl. 15–6 Uhr, Eintritt ca. 100 RUB
Der Club wird hauptsächlich von Studenten frequentiert. Es gibt Independent-Konzerte, MTV auf Großleinwand und Bier in Strömen.

Hollywood Nights ➡ E5
Newski Prospekt 46
Metro Gostini Dwor
✆ (812) 311 60 77
Vorbildlich geführte Disco mit Ballett-Show, allabendlichen Überraschungen, Live-Konzerten ausländischer und russischer Musiker, drei Bars und freundlicher Bedienung.

Moloko (Milch) ➡ G10
Perekupnoj Pereulok 12
Metro Ploschtschad Alexander Newskowo
✆ (812) 274 94 67
Mi–So 19–24 Uhr
Eintritt 40–80 RUB
Underground-Musikclub in der Nähe des Newski Prospekts. Die Kelleratmosphäre bei Livemusik von Reggae bis Hardcore ist freundlich und zwanglos.

Purga ➡ H5
Nabereschnaja Reki Fontanki 11
Metro Sadowaja Ploschtschad
✆ (812) 570 51 32
www.purga-club.ru
Tägl. 16–6 Uhr
Im von Bühnenbildnern und Designern entworfenen äußerst beliebten Club kann jeden Tag das Neujahrsfest gefeiert werden. Die Kellnerinnen dirigieren im Hasenkostüm die bis ins Detail geplante Party. Dazu gibt's leckeres Essen.

Red Club ➡ G10
Poltawskaja Uliza 7
Metro Moskowski woksal
✆ (812) 717 13 60
www.club.red.ru
Tägl. 11.30–6 Uhr
Nachtparty mit super Stimmung und vielfältigen Musikstilen.

Livemusik

Metro ➡ K8
Ligowski Prospekt 192
Metro Ligowski Prospekt
✆ (812) 166 02 11
Tägl. 22–6 Uhr
In einer alten Fabrik wird auf drei Etagen Musik gespielt, die von russischer Tanzmusik über Eurodance und groovigen Pop bis zu Techno und House reicht. Mit Karaoke-Bar. ◼

Kultur und Unterhaltung: Theater, Oper, Ballett, Kinos

Mit seinen zahlreichen Museen, Galerien, Theatern, Opern und Balletts fasziniert St. Petersburg nicht nur ausgesprochene Kulturliebhaber. Einheimische und Gäste aus aller Welt sorgen für volle Häuser und bislang auch lange Warteschlangen an den Eintrittskassen. Neben 250 Museen gibt es weitere etwa 4000 Kultur-, Geschichts- und Baudenkmäler.

Die Eremitage ist eines der bedeutendsten Kunstmuseen der Welt. Zu ihren vielen Schätzen zählen die weltweit größte Juwelensammlung und eine beeindruckend umfangreiche Sammlung europäischer bildender Kunst. Drei bis vier Millionen Besucher stehen jährlich staunend vor den Kunstwerken der Eremitage, die so umfangreich sind, dass Tage nicht ausreichen würden um alles zu sehen.

St. Petersburg ist stark mit der musikalischen Geschichte Russlands verbunden. In den vielen erstklassigen Konzerten und Aufführungen können Sie noch heute die Wiege der russischen Musik erleben. Hier lebten und wirkten bekannte Komponisten wie Tschaikowski, Strawinski, Schostakowitsch, Rimski-Korsakow, Glinka und Mussorgski.

In der Stadt an der Newa gibt es etwa 40 verschiedene Theater. Das Mariinski-Theater hat Weltruf und gehört zu den Top Ten der Opernhäuser auf der Welt.

Auch die vielleicht berühmteste Ballettschule, die Waganowa-Ballettakademie, befindet sich in St. Petersburg. Sie wurde bereits 1738 gegründet.

Theater

In St. Petersburg gibt es eine Reihe hervorragender Theater. Im Theatermuseum werden gelegentlich deutschsprachige Stücke aufgeführt. Die Ankündigungen hierzu kann man der Internetseite des Goethe-Instituts entnehmen.

Umfassend renoviert: das Alexandrinski-Theater

Alexandrinski-Theater ➡ aE6
Ploschtschad Ostrowskowo, Metro Gostini Dwor, Newski Prospekt
℃ (812) 312 12 45
Das von Rossi 1832 erbaute und 2006 für 900 Millionen RUB (26,5 Mio. Euro) restaurierte Theater zeigt Klassiker wie »Hamlet« oder Tschechows »Drei Schwestern« und hat insgesamt ein breites Repertoire. Gelegentlich gibt es Gastauftritte des Mariinski-Theaters. 1836 wurde hier Gogols »Revisor« uraufgeführt.

BDT – Großes Dramentheater/ Bolschoj Dramatitscheski Teatr
➡ G8
Nabereschnaja Reki Fontanki 65
Metro Gostini Dwor, Newski Prospekt
℃ (812) 310 92 42 (Kasse)
www.bdt.spb.ru
Kasse: tägl. 11–15 und 16–19, Mo bis 18 Uhr
Eintritt 100–200 RUB

Pilgerziel für Liebhaber von Oper und Ballett: das Mariinski-Theater

In dem 1878 von dem Architekten Fontana errichteten Gebäude wurde 1919 ein Theater gegründet. In den Jahren von 1956 bis 1989 entwickelte sich das Theater unter der Leitung von Georgi Towstogonow zu einem der grandiosesten des Landes. Zum brillanten Ensemble gehörten damals unzählige Stars der Szene.

Komödientheater Akimow/Komedii Akimova ➡ aD6
Newski Prospekt 56, Metro Newski Prospekt, Gostini Dwor
℗ (812) 312 45 55
www.komedia.spb.ru
Kasse tägl. 11.30–15 und 16–19.30 Uhr, Eintritt 100–400 RUB
Das Jelissejew-Gebäude ist vermutlich das edelste Jugendstilgebäude in ganz St. Petersburg. Es wurde im Auftrag der Jelissejew-Brüder 1907 vom Architekten Baranowski erbaut und mit herrlichen Spiegelwänden und prunkvollen Kristalllüstern ausgestattet. Von Anbeginn beherbergt es im Erdgeschoss ein luxuriöses **Delikatessengeschäft** mit Marmortresen. Seit 1929 ist das Komödientheater im Obergeschoss untergebracht.

MDT – Kleines Dramentheater/ Malyi Dramatitscheski Teatr ➡ F7
Uliza Rubinschtejna 18, Metro Wladimirskaja, Dostojewskaja
℗ (812) 113 20 78
www.mdt-dodin.ru

Kasse tägl. 12–19.30 Uhr
Eintritt 150–1200 RUB
Getreu dem Motto »klein aber fein« erlangte eines der besten Theater der Stadt inzwischen auch internationalen Ruhm. Das Haus zeigt viele moderne Inszenierungen; die Leitung hat Lew Dodin.

Theater der Jugend ➡ H6/7
Pionerskaja Ploschtschad 1
Metro Puschinskaja, Pionerskaja Ploschtschad
℗ (812) 112 40 66
Wie der Name schon sagt, gibt es hier vorwiegend Programm für Jugendliche. Daher beginnen die Veranstaltungen auch schon um 18 Uhr. Vor dem Gebäude steht das Denkmal Dostojewskis.

Oper und Ballett

In St. Petersburg gibt es Opern- und Ballettaufführungen, die zu den bedeutendsten und schönsten der Welt zählen. Ein Besuch lohnt unbedingt!

⚜ Mariinski-Theater (früher Kirow-Theater) ➡ G3
Jelissejew
Metro Sennaja Plotschtschad
℗ (812) 326 41 41
℗ (812) 114 43 44 (Kasse)
www.mariinsky.ru
Das Haus hat 1700 Sitzplätze und zeigt erstklassige Operninszenierungen sowie russisches Ballett

Das Ballett »Schwanensee« mit der Musik von Peter Tschaikowski zählt zum Repertoire der St. Petersburger Ballettkompanien

der Spitzenklasse. Vom künstlerischen Niveau mit dem Moskauer Bolschoi-Theater vergleichbar.

Mussorgski-Theater/Opery i baleta Musorgskogo ⇒ aC5

Ploschdschad Iskusstw 1, Metro Gostini Dwor, Newski Prospekt
℘ (812) 595 43 05
Info und Tickets: www.reserve.sp.ru/opera
Theaterkasse tägl. 10–21 Uhr
Das Theater befindet sich am

Im Foyer des Eremitage-Theaters

»Platz der Künste« und gilt schon seit 1833 als Sinnbild für Anmut und Schönheit des russischen Balletts.

Eremitage-Theater ⇒ aB4

Dwortsowaja Nabereschnaja 34, Nähe Winterpalast
Metro Gostini Dwor, Newski Prospekt, ℘ (812) 279 02 26
Das älteste und kleinste Theater der Stadt besitzt ein eigenes Orchester, das häufig auf Tournee ist. Es werden oft Operetten aufgeführt; im Winter tritt das Ballett des Mariinski-Theaters auf.

Kinos

Kinotheater Awrora ⇒ F8

Newski Prospekt 60
Metro Newski Prospekt, Gostini Dwor
℘ (812) 315 52 54
www.avrora.spb.ru
Eintritt 70–200 RUB
Schönes Kino mit großem Saal, Balkon und einem Café. Die technische Ausstattung hat West-Standard. Dolby-Digital. Die Preise steigen mit dem Fortschreiten der Uhrzeit.

Kinotheater Barrikada ⇒ E5

Newski Prospekt 15, Metro Newski Prospekt, Gostini Dwor
℘ (812) 312 53 86
Kino mit großem Saal, Billard-Club und einem Café, untergebracht in dem schönen, ehemaligen Palast des Delikatessenhändlers Jelissejew, unweit des Winterpalastes.

Kinotheater Mirage ⇒ A3

Bolschoi Prospekt 35, Metro Pedrogradskaja, Tschkalowskaja
℘ (812) 232 07 58, 238 07 59
www.mirage.ru
Eintritt 70–500 RUB
Großer moderner Unterhaltungskomplex mit Kino, Disco, Café und Billard. Das Kino ist in der zweiten Etage. ∎

Shopping: Einkaufszentren, Kaufhäuser, Souvenirs, Kunst

Die Konsumtempel auf und um den ❖ **Newski Prospekt** ➡ E5–H11 laden zwar zum Kaufen, aber bestimmt nicht zum Kaufrausch ein. So weltstädtisch St. Petersburg sonst auch ist, modisch betrachtet ist das Angebot manchmal provinziell und das zu oft erstaunlich hohen Preisen. Das Stadtparlament ist seit einiger Zeit bemüht, diesen Umstand zu ändern und so der Konkurrentin Moskau die Stirn zu bieten. Erfolge sind nicht zu übersehen: es gibt unzählige Boutiquen und nahezu alle bekannten Designerlabels zu kaufen. Neben Mode aus dem Westen ist es absolut angesagt exquisite Teile der berühmten St. Petersburger Designerin Tatjana Parfinowa zu besitzen. Sie sind darin zwar topp angezogen, müssen aber ihre Reisekasse ordentlich plündern!

Einkaufen ist wegen der liberalen Öffnungszeiten an sieben Tagen in der Woche möglich.

Souvenirs sind im Prinzip lustige Staubfänger. Wer an etwas Praktisches wie Wodka und Kaviar denkt, sollte sie auf keinen Fall bei einem Schwarzhändler an der Ecke kaufen. Zum Einen handelt es sich um minderwertige Ware, und zum Anderen können Sie mit billigem Fusel Ihrer Gesundheit schaden. Gehen Sie lieber in ein etabliertes Delikatessengeschäft z.B. ins Jelissejew am Newski Prospekt. Da weiß man, was man hat!

Einkaufszentren

Grand Palace ➡ E6
Newski Prospekt 44/Italianskaja Uliza 15
Metro Newski Prospekt, Gostini Dwor, tägl. 11–21 Uhr
Die »Galerie mit den elitären Geschäften« wurde 2003 eröffnet. In drei Gebäuden und 100 Boutiquen gibt es für solvente, anspruchsvolle Kunden moderne Markenprodukte. Es gibt mehr Wachmänner als Kunden, Fahrstühle und Rolltreppen aus Glas und ein tolles Selbstbedienungsrestaurant mit bezahlbaren Speisen.

Sennaja ➡ G5
Uliza Efimowa 3, Metro Sennaja Ploschtschad, Sadowaja
Tägl. 10–22 Uhr, SB-Markt »Paterson« rund um die Uhr
Das Shopping-Center im Inneren eines unscheinbaren Altbaus am »Heuplatz« hat eine Fläche von 59 000 m². Es befördert seine Kunden in gläsernen Fahrstühlen in drei ringförmige Einkaufsebenen.

Geschäfte aller Art, besonders vormittags kann man in Ruhe einkaufen. Mit etwas Glück macht man ein Schnäppchen, aber Markenartikel haben auch hier ihren Preis. Dezente Musikberieselung und der Goldene Westen mitten in St. Petersburg!

Wladimirski-Passage ➡ G5
Wladimirski Prospekt 19
Metro Dostojewskaja, Wladimirskaja
Mo–Do 11–21, Fr–Sa 11–22 Uhr
Hier findet man von der Boutique bis zum Supermarkt alles. Empfehlenswert ist auch die Konditorei im Erdgeschoss mit ihrer beeindruckenden Auswahl an Kuchen, Törtchen und Sandwiches. Insgesamt ein Hauch von Luxus hinter historischer Fassade!

Kaufhäuser

Gostiny Dwor (»Gästehof«) ➡ F6
Newski Prospekt 35, Metro Newski Prospekt, Gostini Dwor

Tägl. 10–22, Mi/Do bis 22.30 Uhr
Das älteste Kaufhaus Europas ist schon seit 1846 eine gute Adresse. Beeindruckend ist die klassizistische Fassade in typischer Handelshaus-Architektur des 18. Jahrhunderts. Man sollte gut zu Fuß sein, denn die beiden stickigen Flure sind je einen Kilometer lang. Die Sanierung wird ständig vorangetrieben, aber noch immer findet man neben modernen Boutiquen auch Stände im Charme der Sowjetzeit, mit wenig freundlichen Verkäuferinnen.

Passasch ⇒ E7
Newski Prospekt 48
Metro Newski Prospekt, Gostini Dwor
Mo–Sa 10–21, So 11–21 Uhr
Die von 1846–48 erbaute Ladengalerie im Stil französischer Handelshäuser erinnert mit einer Glaskuppel im Mittelatrium an das bekannte Moskauer Kaufhaus GUM. Es gibt hauptsächlich Damenmode der gehobenen Preisklasse, Souvenirs und teure Lebensmittel.

DLT/Dom Leningradskoj Torgowli ⇒ E5/E6
Bolschaja Konjuschnaja Uliza 21,

Die größten und teuersten Einkaufstempel der Stadt liegen alle am zentralen Newski Prospekt

Metro Newski Prospekt, Gostini Dwor
Mo–Sa 10–21, So 11–21 Uhr
Das Jugendstil-Kaufhaus bietet ein breites Sortiment auf drei Etagen unter einer großzügigen Metall- und Glaskonstruktion.

Delikatessen

Jelissejew ⇒ aD 6
Newski Prospekt 56
Metro Newski Prospekt, Gostinij Dwor
☎ (812) 311-93 23
Mo–Fr 9–21, Sa 10–20 Uhr
Im 1903 errichteten Jugendstilgebäude, seit 1907 schönstes Lebensmittelgeschäft der Welt. Umgeben von Spiegelwänden, Kristallüstern und Marmortresen werden Luxusspeisen wie Kaviar und Krimsekt angeboten.
  Das Obergeschoss beherbergt seit 1929 das Komödientheater.

Souvenirs

Gegenüber der Christi-Auferstehungskirche, am Kanal Gribojedowa
Tägl. von 11–19 Uhr (witterungsabhängig)
Hinter der Auferstehungskathedrale und am Newski Prospekt 32/34, vor der Katharinenkathedrale, werden typische russische Souvenirs wie Tücher, Spielzeugsoldaten, Militärabzeichen, Matrjoschkas, Schachspiele, Orden, Pelzmützen und jede Menge Kitsch angeboten. Inzwischen hat das Obama-Fieber auch den russischen Souvenirmarkt erreicht; die neuen Obama-Matrjoschkas verkaufen sich derzeit am besten. Die Preise sind touristisch, aber bezahlbar.

Kunst

Anna-Galerie ⇒ F8
Newski Prospekt 57, im Hotel
Sheraton Newski Palace, Metro
Newski Prospekt, Majakowskaja
© (812) 31 00 77
Tägl. 11–19 Uhr
Bronze, Porzellan und Malerei,
hochwertig – und nicht billig.

Ausstellungshalle der Künstler-vereinigung ⇒ G8
Bolschaja Morskaja Uliza 38
Metro Newski Prospekt
© (812) 211 82 19, Mo–Do 12–19 Uhr
Wechselnde Kunstausstellungen:
Schmuck, Skulpturen, Malerei
und Collagen.

Borej-Galerie ⇒ F8
Litejnij Prospekt 58, Metro Majakowskaja, Ploschtschad Wosstanija
© (812) 273 36 93
Di–Sa 12–20 Uhr
Gemälde, Malerei und Fotografi-
en heimischer und ausländischer
Künstler, mit angeschlossener
Buchhandlung. Treffpunkt der
alternativen Kunstszene.

Manege/Manesch ⇒ E4
Isaakiewskaja Ploschtschad 1
© (812) 314 88 59
Mi–Mo 11–19 Uhr
In dem 300 Jahre alten Saal, einer ehemaligen Reithalle, finden
heute Messen und Ausstellungen
zeitgenössischer Kunst statt.

Moskowski 47 ⇒ J5
Moskowski Prospekt 47, Metro
Technologitscheski Institut
© (812) 316 17 17
Tägl. 10–20 Uhr
Antiquitäten und Malerei.

S.P.A.S. ⇒ F4
Nabereschnaja Reki Mojki 93
Metro Newski Prospekt
© (812) 311 42 60
Mo–Sa 11–18 Uhr
Malerei von Newcomern und Eta-
blierten.

St. Petersburger Center für Kunst und Bücher ⇒ F8
Litejni Prospekt 55
Metro Tschernischewskaja
© (812) 273 51 84
Mo–Fr 10–17 Uhr
Kunstdrucke und Bücher. ▪

Matrjoschka

Sicher das charmanteste Souvenir – die russische Holzpup-
pe, ursprünglich aus Birke
oder Linde, die aus mehreren,
ineinander gesteckten Figuren besteht. Ihr Name war in
den russischen Provinzen der
häufigste Mädchenname und
bedeutet zugleich »Mutter«.
Erste Matrjoschkas wurden
1890 im Moskauer Atelier
»Kindererziehung« herge-
stellt.

*Beliebtes russisches Souvenir: die
mehrteilige Matrjoschka*

Produziert werden die Figuren heute unter anderem in Nischni
Nowgorod, Oblast, Moskau und Kirow. Ursprünglich wurden die
Puppen nur 3-, 5-, 7- oder 10-teilig angefertigt, inzwischen werden
sie aber auch in 13- bzw. 20-teiliger Ausführung angeboten. Seit
den 1990er-Jahren gibt es auch Matrjoschkas mit satirischen Motiven. Bei diesen ist z.B. die kleinste Puppe Lenin und die größte
Präsident Putin.

Mit Kindern in der Stadt

Russland ist ein sehr kinderfreundliches Land. In Hotels und Restaurants werden Kinder nicht nur freundlich empfangen, sondern auch mit speziellen Angeboten verwöhnt. Dennoch sollten Sie sich gut überlegen, ob Ihr Kind alt und interessiert genug ist, um einen Kulturmarathon in einer Millionenmetropole motiviert zu überstehen!

Highlights für Kinder

Aquapark »Waterville«/Akwapark Woterwil ➡ westl. D1
Uliza Karablestroitjeljej 14 (Hotel Pribaltiskaja), Metro Primorskaja
℃ (812) 324 47 00
www.waterville.ru
Tägl. 9–23 Uhr
Eintritt 9–16 Uhr 500 RUB (4 Std.), ab 16 Uhr 580 RUB, Sa/So und in den Ferien 750 RUB, Tageskarte 700–990 RUB, Kinder bis 12 Jahre 30 % billiger
Der Aquapark ist St. Petersburgs erster Badepark. Das Angebot ist vielfältig: Wellenbad, Whirlpools, Tauchbecken, Kletterwand, Piratengrotte, Kinderbecken, viele unterschiedliche Rutschen, z.B. eine originale Trichter- und eine Reifenrutsche, Fischaquarien sowie fünf verschiedene Saunen.

Tanzbär-Nachwuchs: junger Braunbär für Vorführungen als Touristenattraktion

Spielzeugmuseum/Musej Igruschki ➡ nördl. A5
Nabereschnaja Reki Karpowki 32, Metro Petrogradskaja
℃ (812) 234 43 12
Fax (812) 275 79 86
Di–So 11–18 Uhr, Mo und letzter Di im Monat geschl.
Eintritt: Erw. 250 RUB, Kinder 90 RUB
Nicht nur Kinderaugen leuchten hier, auch Erwachsene fühlen sich in die Kinderzeit zurückversetzt. Plüschtiere, Puppen, Spielzeugeisenbahnen und ein hundert Jahre altes Puppenhaus aus Deutschland lassen Kinderherzen höher schlagen.

Staatszirkus ➡ aC7
Nabereschnaja Reki Fontanki 3
℃ (812) 570 53 99
www.circus.spb.ru
Kasse tägl. 11–19 Uhr
Eintritt 500–1000 RUB (2 1/2 Std.)
Sehr empfehlenswerter Zirkus, der in einem 1876 von Gaetano Cinisellis entworfenen Gebäude residiert.

Zoologischer Garten ➡ B4
Alexandrowski Park 1
Metro Gorkowskaja
℃ (812) 232 82 60, 232 31 45
www.museum.ru/M2335
Sommer tägl. 10–19
Winter Di–So 10–17 Uhr
Eintritt Erw. 150 RUB, Schüler 50 RUB
Der 1865 gegründete Zoo ist einer der ältesten Russlands. Neben etwa zweitausend Tieren gibt es auch Karussells, Ponyreiten, Elektroautos und Hüpfburgen sowie Kulinarisches für alle. ∎

Erholung und Sport

Erholung vom St. Petersburger Stadttrubel findet man in einem der Parks oder bei einem Spaziergang am Newa-Ufer. Wer sich sportlich betätigen möchte, kann eines der Schwimmbäder aufsuchen, die jedoch manchmal schon ein wenig alt sind. Das Wasser wird meist stark gechlort und auf das Ausleihen von Badelatschen sollte man besser verzichten.

Lesgaft Sportakademie → G3
Uliza Dekabristow 38
Metro Sadowaja
✆ (812) 714 12 61, Mo–Fr 18.15–21.45, Sa/So 7.15–21.45 Uhr, Sa 18.15–19.15 Uhr Pause
Eintritt 150 RUB für 30 Minuten
Vorbildliches Schwimmbad mit 25-m-Bahn, verspiegelter Decke, 10-m-Sprungturm, Aquafitness-Kurse und Solarium für 5 RUB. Das Personal ist sehr freundlich.

Gallionsfigur vor der Kulisse des Winterpalasts

Newskije Bani → F8
Uliza Marata 5–7
Metro Majakowskaja
✆ (812) 311 14 00, tägl. 8–22 Uhr
In Russland schwört man auf Banjas. Hier können Sie sich bei feuchter Hitze und kalten Duschen vom Sightseeing-Stress der Kulturmetropole erholen. Handtuch kann ausgeliehen werden.

Park Lesotechnitscheskoj Akademii → nördl. A5
Metro Lesnaja
Der wunderschöne Park mit erlesenem Baumbestand gehört zur forstwirtschaftlichen Akademie. Um das Institutsgebäude führt ein Lehrpfad mit einer Vielzahl verschiedener Baumarten. Der perfekte Ort, um dem Alltag der Stadt zu entfliehen. Zudem gibt es einen Spielplatz, einige Parkbänke und in der Nähe ein paar Geschäfte, um alles Notwendige für ein Picknick zu besorgen.

Strand hinter der Peter-Paul-Festung (Petropawlowskaja Krepost) → C5
Metro Gorkowskaja

Zum schönen Strand hinter der Peter-Paul-Festung kommen Sonnenanbeter aus der ganzen Stadt, um sich vom Trubel der Metropole zu erholen. Die herrliche Sicht auf die breite Newa tröstet darüber hinweg, dass Schwimmen hier verboten ist, was von Einheimischen oft ignoriert wird.
An den Sommerwochenenden gibt es Helikopterflüge, Open-Air-Konzerte und Theateraufführungen.

Kirow Park/ZPKiO imeni Kirowa → nördl. A4
Metro Krestowski Ostrow
Tägl. 6–23 Uhr
Eintritt 20 RUB
Der Park, etwas außerhalb des Stadtzentrums auf der Jelagin-Insel, ist eine Oase der Ruhe und Entspannung. Von den Armen der Newa umgeben, stört hier kein Verkehrslärm. Auf den Teichen kann man Tretboot fahren, Inlineskates ausleihen oder einfach nur dem Rauschen der Bäume lauschen. ■

Chronik

Daten zur Stadtgeschichte

Seit dem 10. Jahrhundert leben im Bereich der unteren Newa, dem Ingermanland, verschiedene finno-ugrische Völker. 1240 schlägt Fürst Alexander in der Schlacht an der Newa die Schweden und erhält den Beinamen »Newski«. Nach einem Sieg der Schweden entstehen 1611 die Festung Nyenschanz und 1617 die Siedlung Nyen am rechten Newa-Ufer. Sie wird bald ein wichtiger Handelsplatz. 1703 erobert Russland während des Großen Nordischen Krieges das Gebiet. Die Zerstörung der Siedlung ist zugleich der Beginn der Stadtgeschichte St. Petersburgs.

16.5.1703 St. Petersburg wird von Peter I. gegründet. Die Grundsteinlegung zum Bau der Peter-Paul-Festung auf der Haseninsel gilt als Geburtstag der Stadt.

1712 St. Petersburg wird offiziell Hauptstadt Russlands. Nach dem Willen des Zaren entsteht aus Sümpfen und Wäldern eine neue Metropole. Peter I. verpflichtet westliche Baumeister und unzählige Leibeigene. Sie bauen Paläste, Kanäle, Werften, Hafenanlagen, Werkstätten und Straßen. Für Generationen von Baltendeutschen wird der Dienst am Zarenhof Tradition. Viele, dem Zaren verpflichtete Familien siedeln in die neue Stadt um.

1717 Der französische Architekt Jean Baptiste Leblond entwirft den Plan der Stadt nach dem Vorbild Amsterdams.

1718 Das erste Museum Russlands – die Kunstkammer – wird aus der Taufe gehoben.

1721 Peter I. wird weltliches und geistiges Oberhaupt Russlands, indem er den Titel »Imperator«, »Zar aller Reußen« annimmt. Der Senat nennt ihn »Peter der Große«.

1725 Peter I. stirbt. Seine Stadt hat bereits 70 000 Einwohner. Die Nachfolger auf dem Thron haben mehr Interesse an der prunkvollen Gestaltung ihrer Residenzen als an dem übrigen Land.

1732 St. Petersburg wird unter Zarin Anna Iwanowna erneut Hauptstadt Russlands, nachdem Peter II. die Amtsgeschäfte nach Moskau verlegt hatte.

1762–96 Die als deutsche Prinzessin von Anhalt-Zerbst geborene Katharina II. regiert Russland. Genannt »Katharina die Große«, ruft sie die Eremitage ins Leben (1764). Es folgt eine lange Blütezeit der Stadt, die durch den Bau wichtiger Gebäude gekennzeichnet ist.

1801–25 Alexander I., Enkel Katharinas II., regiert das Reich. Im Geiste seiner Großmutter fördert er zahlreiche öffentliche Bauten.

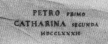

Reiterdenkmal für Peter den Großen an der Newa

PETRO PRIMO
CATHARINA SECUNDA
MDCCLXXXII·

1804/05	Russland verliert den Russisch-Japanischen Krieg.
1812	Napoleon scheitert im Russlandfeldzug.
1815	Alexander I. wird auf dem Wiener Kongress als Retter Europas gefeiert.
1819	Gründung der Universität.
1820	Alexander Puschkin wird der Stadt wegen kritischer Äußerungen verwiesen.
1824	Das Newa-Hochwasser fordert Tausende Tote.
1825–55	Nikolaus I. übernimmt nach dem Tod seines Bruders die Macht.

Zar Alexander II. schafft die Leibeigenschaft ab

1825 Revoltierende Offiziere und niederer Adel fordern die Abschaffung der Leibeigenschaft und versuchen, Zar Nikolaus I. zum Abdanken zu nötigen, um danach eine konstitutionelle Monarchie zu errichten. Der »Dekabristenaufstand« (im Dezember, russ. *dekabr*) wird blutig niedergeschlagen. Revolutionäre Zirkel formieren den Gedanken an eine bessere Zukunft, unter ihnen der Schriftsteller Fjodor Dostojewski.

1837 Der Dichter Alexander Puschkin stirbt im Duell.

1849 Fjodor Dostojewski wird nach Sibirien verbannt.

1851 Fertigstellung der Eisenbahnstrecke zwischen Moskau und St. Petersburg am 19. August.

1855 Die Sammlung der Eremitage wird erstmalig öffentlich gezeigt.

1855–81 Alexander II. ist Zar. Er schafft 1861 die Leibeigenschaft ab. Infolge zunehmender Armut ziehen viele Bauern in die Stadt. 1881 wird Alexander II. Opfer eines Attentats der Gruppe »Volkswille«.

ab 1870 Die Stadt wächst explosionsartig; am Newski Prospekt siedeln sich viele Banken und Geschäfte an.

Zar Nikolaus II. auf einem Gemälde von Ilja Repin (Russisches Museum)

1881–94 Alexander III. regiert willkürlich und repressiv.

1893 Wladimir Iljitsch Uljanow, genannt Lenin, zieht nach St. Petersburg und gründet nach einer mehrmonatigen Europareise den »Kampfbund zur Befreiung der Arbeiterklasse«.

1894–1918 Regierungszeit des letzten Zaren – Nikolaus II.

1905 Am 9. Januar wollen über 140 000 unbewaffnete Arbeiter dem Zaren friedlich

Schiffe auf der Newa: Kupferstich von St. Petersburg von 1753

eine Petition für mehr Gerechtigkeit überreichen. Nikolaus II. lässt seine Garden in die Menge schießen. Über 1000 Menschen werden am »Blutsonntag« verwundet oder getötet.

1906–17 Ära des Scheinkonstitutionalismus (1906: 1. Duma)

1910 Igor Strawinskij vollendet den »Feuervogel«.

1914 Ausbruch des Ersten Weltkriegs. Der Stadtname wird wortgetreu ins Russische übersetzt: Petrograd.

1916 Ermordung Rasputins, Wunderheiler am Zarenhof.

1917 Der erste Weltkrieg bringt Staat und Wirtschaft an den Abgrund. Das Volk sehnt sich nach Frieden und sozialer Gerechtigkeit. Im Februar dankt Zar Nikolaus II. ab, als Folge der bürgerlich-demokratischen Revolution. Emigrierte Revolutionäre, unter ihnen Lenin, kommen nach Petrograd zurück und bereiten die sozialistische Revolution vor. Die Oktoberrevolution beginnt mit dem »Sturm auf den Winterpalast« (6.–8. November).

1918 Der Bürgerkrieg geht zugunsten der Roten Armee zu Ende. Nahrungsknappheit dezimiert die Einwohnerzahl Petrograds drastisch. Nach dem Krieg wird Moskau wieder Hauptstadt Russlands.
Nikolaus II. wird am 16. Juli 1918 mit seiner Familie in Jekaterinburg ermordet.

1920 Schwere Hungersnöte: Die Einwohnerzahl sinkt von 2,5 Millionen im Jahr 1917 auf 722 000 Einwohner.

1924 Lenin stirbt und Petrograd wird in »Leningrad« umbenannt.

1934 Der Sekretär der Kommunistischen Partei, Sergej Kirow, wird ermordet. Für Josef Stalin ist dies der willkommene Anlass für eine große »Säuberungsaktion«. Ihr fallen hochrangige Parteifunktionäre und Offiziere der Armee zum Opfer.

1941–44 Die Stadt wird 900 Tage von der Deutschen Wehrmacht eingekesselt. Nur im Winter kann die Stadt über das Eis des Ladogasees notdürftig versorgt werden. In der Blockadezeit sterben durch Hunger, Kälte und Bomben mehr als eine Million Menschen. Befreiung durch die Rote Armee am 27. Januar 1944.

1945 Der Wiederaufbau der Stadt beginnt. Die zerstörten historischen Stätten werden nach alten Plänen originaltreu rekonstruiert.

1953–56 Nach dem Tod Stalins wird Nikita Chruschtschow sein Nachfolger. Dieser übt auf dem XX. Parteitag der KPdSU Kritik an Politik und Personenkult Stalins.

1955	Die erste Metrolinie Leningrads wird eingeweiht.
1988	Die Bibliothek der Wissenschaften steht in Flammen. Über eine Million Werke werden vernichtet.
1989	Der historische Kern der Stadt wird unter Denkmalschutz gestellt.
1991	In Russland kommt es zum Augustputsch, Michael Gorbatschow tritt zurück. Leningrad wird – nach einem Referendum der Bevölkerung – wieder in St. Petersburg umbenannt.
1998	Die sterblichen Überreste der Zarenfamilie Romanow werden 80 Jahre nach ihrer Ermordung im Familiengrab der Peter-Paul-Kathedrale beigesetzt.
2000	Wahl des Petersburgers Wladimir Putin zum Präsidenten Russlands.
2003	Die Stadt feiert ihr 300. Gründungsjubiläum. Bundeskanzler Gerhard Schröder und Präsident Putin eröffnen das rekonstruierte Bernsteinzimmer.
2006	Der Leichnam der Zarin Maria Fjodorowana, der Mutter des letzten russischen Zaren Nikolaus II., wird von Dänemark zum Familiengrab der Romanow-Dynastie in St. Petersburg überführt.
2008	Der Sohn der Stadt St. Petersburg, Dmitri Medwedew, wird im März Präsident Russlands.
2009	Der Verfall der Rohstoffpreise im Zuge der internationalen Finanzkrise trifft Russland und St. Petersburger Unternehmen besonders hart.
2010	Zarskoje Selo bei St. Petersburg feiert 300. Geburtstag. ◾

Besuchermagnet für Touristen aus aller Welt ist seit 2003 das rekonstruierte Bernsteinzimmer im Katharinenpalast in Puschkin

Service von A–Z und Sprachführer

Service von A–Z

St. Petersburg in Zahlen und Fakten

Alter: 1703 von Peter I. gegründet
Fläche: 600 km², davon 58 km² Wasser. St. Petersburg wurde auf 44 Inseln gebaut, die durch ca. 600 Brücken verbunden sind.
Lage: Im Nordwesten Russlands, im Mündungsdelta der Newa in den Finnischen Meerbusen, auf 60° nördlicher Breite und 30° östlicher Länge.
Einwohner: ca. 4,6 Mill. (Stand 2010)
Einwohnerdichte: 3201 Einwohner/km²
Bevölkerungsstruktur: 90 % Russen, 3 % Ukrainer, 2 % Weißrussen, 1 % Tartaren
Klima: Mildes, feuchtes Klima mit eher kühlen Sommern, in denen es häufig regnet, und mäßig kalten Wintern.
Bildung: 42 % der Bevölkerung hat einen Hochschulabschluss, 30 % einen Berufsschulabschluss oder eine vergleichbare Ausbildung. Es gibt 53 öffentliche und 40 private Hochschulen, an denen 360 000 Studenten eingeschrieben sind.
Wirtschaft: Zentrum russischer Forschung und Entwicklung, außerdem fast alle Zweige der verarbeitenden Industrie, besonders Schiff- und Maschinenbau.
Tourismus: Der Tourismus ist ein zunehmend bedeutender Wirtschaftsfaktor, wobei der Tages- und Wochenendtourismus am wichtigsten ist. Die Stadt gehört mittlerweile zu den zehn attraktivsten Städtereisezielen weltweit.

Ein besonderes Schauspiel während der »Weißen Nächte« ist das Hochziehen der illuminierten Newa-Brücken; im Bild die Schlossbrücke

Anreise, Einreise

Mit dem Flugzeug

Mehrmals täglich wird St. Petersburg von allen großen Flughäfen Deutschlands, Österreichs und der Schweiz angeflogen. Die Flugdauer beträgt ca. drei Stunden. Der Flughafen hat zwei Passagierterminals: Terminal 1 wird für Inlandsflüge und die Flüge innerhalb der GUS genutzt. Terminal 2 dient dem internationalen Flugverkehr. Da die beiden Terminals einige Kilometer auseinander liegen, sollten Sie darauf achten, wohin Sie fahren. Nach Umbauarbeiten 2006 hat das Terminal Pulkowo 2 die erste Start- und Landebahn Russlands, die für den neuen Großraumjet A 380 geeignet ist. Inzwischen gibt es Pläne einen weiteren Terminal, Pulkowo 3, zu bauen. Der **Flughafen** ➡ bD4 liegt fünf km südlich der Stadtgrenze und etwa 14 km von der Innenstadt entfernt (✆ 812-104 34 44, www.pulkovo.ru). Mit dem Taxi erreicht man in etwa 40 Minuten das Stadtzentrum (ca. € 30), die Buslinie 13 fährt zur Metrostation Moskowskaja. Stadtbüro: Newski Prospekt 61, ✆ (812) 333 22 44, tägl. 9–20 Uhr.

Mit dem Zug

Es verkehren regelmäßig Züge von Deutschland nach St. Petersburg. Sie kommen am Witebsker Bahnhof an. Eine Fahrt von Berlin nach St. Petersburg dauert zwischen 34 und 39 Stunden. Von Moskau anreisend, kann man mit einem Schnellzug innerhalb von fünf Stunden in St. Petersburg sein.

Mit dem Auto

Wer über den Landweg nach St. Petersburg reisen möchte, der muss sich auf schlechte Straßenbedingungen einstellen. Die Reise dauert lange (ca. 2500 km!), ist beschwerlich und man braucht wegen der zahlreichen Grenzkontrollen viel Zeit und gute Nerven.

Mit der eher eigensinnigen Dienstauffassung der russischen Verkehrspolizei GAI werden Sie als Besitzer eines ausländischen Kennzeichens mit großer Wahrscheinlichkeit Bekanntschaft machen. Folgendes sollten Sie dann beachten: a) Keine Panik, freundlich bleiben. b) Mit einem kleinen Schein lässt sich das Problem, was möglicherweise gar keins war, in der Regel aus der Welt schaffen. c) Nicht zuerst anfangen von Geld zu reden oder es demonstrativ zeigen. Man könnte Ihnen Bestechung unterstellen! D-Kennzeichen erregen übrigens nicht nur amtliches Interesse.

Deutlich verbessert hat sich in den letzten Jahren die Benzinversorgung, sodass von dieser Seite keine Schwierigkeiten zu erwarten sind. Eine Alternative ist die Autofähre von Travemünde nach Helsinki (Finnlines, ℂ 045 02-805 43, www. finnlines.fi). Über eine gut ausgebaute Schnellstraße ist man in zwei bis drei Stunden in St. Petersburg.

Mit dem Schiff
Von Lübeck aus kann man mit der »Translubeca« in zweieinhalb bis drei Tagen nach St. Petersburg gelangen. Seit April 2009 gibt es einen neuen Terminal in St. Petersburg. Auskünfte gibt es bei der **TransRussiaExpress** (www. tre.de, ℂ 04 51-15 07-0). Zwar kann man sein Auto mitnehmen, billig ist dies aber nicht.

Mit dem Bus
Relativ günstig ist die Anreise mit dem Bus. Eurolines fährt viermal pro Woche von verschiedenen Städten in Deutschland die Stadt an der Newa an. Auskünfte erhalten Sie bei:

Eurolines/Deutsche Touring GmbH
Am Römerhof 17
60486 Frankfurt/Main
ℂ (069) 790 35 01
www.deutsche-touring.de
Mo–Fr 8–20, Sa 9–17 Uhr.

Visum
Für die Einreise nach Russland benötigt man ein Visum.
Um ein Visum zu beantragen, sind folgende Unterlagen erforderlich:
– ein Reisepass, der sechs Monate über die Aufenthaltsdauer hinaus gültig ist
– eine Einladung oder ein Hotelvoucher und eine Buchungsbestätigung des Reisebüros

– den Nachweis einer Auslandskrankenversicherung.
Beim Visumsantrag selbst ist Folgendes zu beachten:
– Das Formular ist von der Internetseite der Konsularabteilung der Botschaft herunter zu laden und auszudrucken. Das Benutzen von Faxkopien o.Ä. ist nicht erlaubt.
– Der Antrag kann vor dem Ausdrucken mit dem Computer oder anschließend mit einer Schreibmaschine oder einem Kugelschreiber in Blockschrift ausgefüllt werden.
– Ein aktuelles Passfoto des Antragstellers ist an der dafür vorgesehenen Stelle aufzukleben, die Befestigung mit Heftklammern ist nicht erlaubt.
– Wichtig ist auch die persönliche Unterschrift.
– Große Reiseveranstalter unterstützen ihre Kunden in der Regel bei der Visabeschaffung. Ansonsten ist zu beachten: Per Post zugestellte Visaanträge werden häufig unbearbeitet zurückgeschickt! Besser ist es, selbst zum Konsulat zu fahren, eine dritte Person zu beauftragen oder eine Visa-Agentur in Anspruch zu nehmen.

Die Bearbeitungszeit für ein Visum beträgt etwa drei Wochen. Ein gängiges Touristenvisum kostet ab € 35 und ermöglicht einen Aufenthalt von bis zu drei Monaten. Für einen längeren Zeitraum ist eine Begründung (z.B. Geschäftsreise) erforderlich.

Da sich die Einreisebestimmungen ändern können, sollte man vorher bei der Botschaft oder dem Konsulat aktuelle Informationen einholen.

Auskunft

Städtisches Tourismusbüro der Stadt St. Petersburg ⇒ E5
Newski Prospekt 41
191025 St. Petersburg
ℂ (812) 311 28 43, 311 29 43

Deutschsprachige Einrichtungen:

Goethe-Institut in St. Petersburg
➡ F5
Mariinski Business Center
Nab. Reki Moiki 58, 7. Etage
190000 St. Petersburg
☏ (812) 363 11 25, Fax (812) 325
65 74, www.goethe.de/ins/ru/
pet/deindex.htm
Das Goethe-Institut informiert
über Veranstaltungen, Ausstellungen, deutsche Bibliotheken,
Seminare und Sprachkurse.

Ministerium für Kultur
Kitajgorodskij projesd 7, Zim. 103
Metro Kitaj-Gorod
☏ (812) 925 11 95, 928 50 89

*Blick über die Dächer von
St. Petersburg Richtung Kasaner
Kathedrale*

Diplomatische Vertretungen

In Russland:

**Deutsches Honorarkonsulat in
St. Petersburg** ➡ C/D9
Uliza Furschtatskaja 39
191123 St. Petersburg
Metro Tschernyschewskaja
☏ (812) 320 24 00
www.sankt-petersburg.diplo.de
Mo–Fr 9–12 Uhr

**Botschaft der Bundesrepublik
Deutschland in Moskau**
Uliza Mosfilmkowskaja 56
119285 Moskau
Metro Kiewskaja
☏ (495) 937 95 00
www.moskau.diplo.de
Mo 8–17, Mi–Do 8–17.30, Fr 8–15
Uhr, Mittagspause 13–13.45 Uhr

In Deutschland:

**Botschaft der Russischen Föde-
ration**
Konsularabteilung
Behrenstr. 66
D-10117 Berlin
☏ (030) 22 65 11 84
Telefonische Auskunft: Mo–Fr
8.30–18 Uhr

www.russische-botschaft.de
Persönliche Beantragung ist Mo–
Fr 9–12 Uhr möglich. Ausgabe von
Unterlagen Mo–Fr 12–13 Uhr.

**Russische Generalkonsulate, die
ein Visum ausstellen dürfen:**
– Am Feenteich 20
D-22085 Hamburg
☏ (040) 229 52 01, 229 53 01
www.generalkonsulat-rus-ham-
burg.de
Tägl. 9–12 Uhr
– Waldstr. 42, D-53177 Bonn
☏ (02 28) 386 79 23
www.ruskonsulatbonn.de
Tägl. 9–12 Uhr
– Seidlstr. 28, D-80335 München
☏ (089) 592528, 59 25 03
www.ruskonsmchn.mid.ru
– Turmgutstr. 1–3
D-04155 Leipzig
☏ (03 41) 585 18 76
rusgenkon_leipzig@t-online.de
Mo/Di, Do/Fr 9–12 Uhr

In Österreich:

**Botschaft der Russischen Föde-
ration**
Reisnerstr. 45–47, A-1030 Wien

✆ (01) 712 12 29, 713 86 22
www.rusemb.at

In der Schweiz:

Botschaft der Russischen Föderation
Brunnadernrain 37
CH-3006 Bern
✆ (031) 352 05 66, 352 64 65
www.switzerland.mid.ru
www.consulrussia.ch
Mo–Do 8–12.30 und 14–18, Fr 8–14 Uhr

Feiertage, Feste, Veranstaltungen

Feiertage
1./2. Jan. **Neujahr**
7. Jan. **Russisch-orthodoxes Weihnachtsfest**
23. Feb. **Tag der Vaterlandsverteidiger** (man schenkt den Männern Blumen)
8. März **Internationaler Frauentag** (man schenkt den Frauen Blumen)
April **Russisch-orthodoxes Osterfest** (liturgischer Höhepunkt des Jahres. Wird meist eine oder zwei Wochen nach den katholischen/evangelischen Ostertagen gefeiert.
1./2. Mai **Frühlingsanfang** und **Internationaler Tag der Arbeit**
9. Mai **Tag des Sieges im Großen Vaterländischen Krieg** (2. Weltkrieg)
12. Juni **Tag der Unabhängigkeit Russlands** (mit großem Feuerwerk)
7. Nov. **Tag der Nationalen Einheit**
12. Dez. **Tag der Verfassung**
Anders als in Deutschland wird ein Feiertag, der auf einen Samstag oder Sonntag fällt, am darauf folgenden Werktag – also am Montag – arbeitsfrei nachgeholt. Oft wird auch schon der Freitag zum Feiertag erklärt. Fällt ein Feiertag auf einen Dienstag, so ist es

üblich, dass der Montag ebenso zum Feiertag erklärt wird. Allerdings wird dann zumindest am Samstag davor gearbeitet. An Feiertagen ist es durchaus üblich, sich Geschenke zu machen.

Weihnachtsgeschenke gibt es in Russland nicht am Weihnachtsabend, sondern um 24 Uhr in der Silvesternacht. Weihnachten ist der einzige kirchliche Feiertag, der auch ein offiziell arbeitsfreier Tag ist.

Es gibt weitere, nicht arbeitsbefreite Feiertage, an denen bestimmte Berufsgruppen geehrt werden, wie zum Beispiel der 1. September, dem Ehrentag der Lehrer.

Folgende Zeiträume sollten unbedingt beachtet werden: Vom 30. Dezember bis zum 10. Januar (Neujahrsfest) und vom 1. bis 10. Mai (Feierlichkeiten zum 1. Mai und dem Tag des Sieges am 9. Mai) sind Behörden, Betriebe und Schulen grundsätzlich geschlossen. Bei Museen und Theatern sollte man sich vorher über die Öffnungszeiten erkundigen. Nicht einmal die bekanntesten russischen Tageszeitungen erscheinen in diesen Zeiträumen.

Feste und Veranstaltungen
19. Feb.–5. Mai
Frühlingsfest – Die Austreibung des Winters. In dieser Zeit finden verschiedene Kultur- und Folkloreveranstaltungen sowie Blini-Essen in verschiedenen St. Petersburger Restaurants statt.
Mitte März
Ballettfestival im Mariinski-Theater
12. April
Tag der Kosmonauten – kein offizieller Feiertag, es finden aber Feuerwerk und Festivals statt.
27. Mai
Tag St. Petersburgs – Jahrestag der Stadtgründung mit Fest rund um die Peter-Paul-Festung.
28. Mai–30. Juni

Die ehemalige Börse auf der Wassilij-Insel beherbergt das Marinemuseum

Weißen Nächte – Volksfeststimmung in der Altstadt mit Theater-, Musik-, Ballett-, Film- und Jazzfestival.
22. Juli
Tag der Flotte – Die Parade der russischen Schlachtschiffe auf der Newa ist ein großer Publikumsmagnet.
Erste Oktoberwoche
Internationales Festival der Barockmusik und asiatischer Musik
Mitte November
Herbstrhythmen in St. Petersburger Jazzclubs.
25. Dez.–7. Januar
St. Petersburger Winter – Angelegte Parks mit Eisskulpturen, Folkloreveranstaltungen und Väterchen Frost beschert die Kinder.

Geld, Banken, Kreditkarten

Die russische Währung ist der **Rubel** (RUB). Ein RUB entspricht 100 Kopeken. Es gibt Münzen zu 1, 2, 5, 10, 20 und 50 Kopeken, 1, 2 und 5 Rubel und Banknoten zu 10, 50, 100, 500 und 1000 Rubel. Ausländisches Bargeld kann bei Banken und in Wechselstuben problemlos getauscht werden. Tauschen Sie nie auf der Straße, es besteht die Gefahr, dass man gefälschte oder

ungültige Rubel, die vor 1993 gedruckt wurden, erhält.

Im Juli 2010 betrug der Umtauschkurs 39,4 Rubel für einen Euro. Der Rubel ist seit Jahren stabil. Der Tageskurs wird von der russischen Zentralbank ermittelt: www.cbr.ru. **Banken** sind meist Mo–Fr 9–18 Uhr, Wechselstuben oft bis 23 Uhr geöffnet.

Die Einfuhr von Landeswährung ist nicht gestattet; es dürfen jedoch Reiseschecks eingeführt werden.

Mit Kreditkarten und Travellerschecks kann in den meisten Hotels, Geschäften und Restaurants bezahlt werden. Im Stadtzentrum gibt es viele Geldautomaten.

Ein Büro von American Express hilft bei Problemen: Malaja Morskaja Uliza, ℂ (812) 326 45 00, www.americanexpress.ru.

Die herausgebenden Banken verfügen meist über eigene **Rufnummern zur Sperrung** von ec-, Maestro- und Kreditkarten, die in der Regel mit der Kreditkarte ausgehändigt werden. Für die Sperrung von Kreditkarten, ec-Karten, Handys oder Ausweisen steht zusätzlich rund um die Uhr ein **Service** unter ℂ 810 49 116 116 oder auch ℂ 810 49 30 40 50 40 50 zur Verfügung.

Hinweise für Menschen mit Behinderung

Der Flughafen Pulkowo ist auch für behinderte Reisende zugänglich. Speziell für Rollstuhlfahrer ist St. Petersburg aber leider eine große Herausforderung, denn den Gehwegen fehlt es an Absenkungen zum Überqueren der Straße. Schlaglöcher und die schlechte Beschaffenheit der Fußwege machen das Passieren sehr schwierig.

Internet

www.aktuell.ru – Aktuelle Nachrichten aus Russland, Moskau und St. Petersburg.
www.auswaertiges-amt.de
www.inrussland.net/petersburg – Wissens- und Sehenswertes über St. Petersburg.
www.pulse.ru – Veranstaltungen in der Stadt auf Englisch
www.russlandjournal.de – Umfangreiche Informationsseite für ganz Russland: Sehenswürdigkeiten, Anreise, Tipps.
www.russland.ru – Internet-Zeitung in deutscher Sprache.

Am Newski Prospekt werden Kunstbilder von Sehenswürdigkeiten der Stadt angeboten

www.petersburg.aktuell.ru – St. Petersburg aktuell – Die Internet-Zeitung.
www.sankt-petersburg.diplo.de – Amtliche und aktuelle Informationen über Reiseformalitäten, Politik und Kultur.
www.sanktpetersburg.net – Ausführliche Informationen rund um die Stadt.
www.saint-petersburg-hotels.com – Museen, Theater, Hotels, Ausflüge, Mietwagen und mehr.

Klima, Kleidung, Reisezeit

Im Hochsommer können die Temperaturen, leicht mal über 30°C steigen. Da die Stadt an der Ostsee liegt und ein feuchtes Klima herrscht, kann die gefühlte Temperatur durchaus etwas darüber liegen. Wer lange Tage bevorzugt, um viel zu sehen, der sollte am besten in den Monaten Mai bis Juli nach St. Petersburg reisen. Im Juni, zur Zeit der »Weißen Nächte«, hat die Stadt einen ganz besonderen Reiz. Es dämmert dann nur für eine knappe Stunde und man kann um Mitternacht auf dem Newski Prospekt sitzen und den Puls der Stadt fühlen. Regenfeste Kleidung und einen dicken Pullover sollte man auch im Sommer dabei haben. Auch ein Mückenschutzmittel gehört ins Reisegepäck.

Die Winter sind lang und kalt. Hell ist es dann nur etwa von 10–15 Uhr. Von November bis März ist mit Kälte, Schnee und Eis zu rechnen. Es ist oft neblig und trüb und die Temperatur liegt durchschnittlich bei –9 °C, kann aber auch bis unter –35 °C sinken.

Man braucht sehr warme Kleidung sowie festes, rutschfestes Schuhwerk. Empfehlenswert ist auch eine warme Kopfbedeckung. Zum Trost: Gerade die verschneite Stadt kann märchenhaft schön sein.

Literaturtipps

Alfter, Dieter: **Zar Peter der Gro-
ße**, Madsack Verlag
Gogol, Nikolai W.: **Petersburger
Novellen**, dtv
Grey, Ian: **Iwan der Schreckliche**,
Patmos Verlag
Heresch, Elisabeth: **Alexej, der
Sohn des letzten Zaren**, Verlag
Langen/Müller
Heresch, Elisabeth: **Alexandra.
Tragik und Ende der letzten Zarin**,
Verlag Langen/Müller
Kaminer, Wladimir: **Russendisko**,
Goldmann Verlag
Lange, Wolfgang: **Petersburger
Träume**, Piper Verlag
Prinz Romanow, Roman: **Am Hofe
des letzten Zaren**, Piper Verlag
Schlögel, Karl: Petersburg: **Das
Laboratorium der Moderne 1909–
21**, Carl Hanser Verlag
Tolstoi, Alexej: **Peter der Große**,
Steingrüben Verlag
Tolstoi, Leo: **Anna Karenina**, dtv

*»Anna Karenina« von Leo Tolstoi
spielt in St. Petersburg*

Medizinische Versorgung

Es gibt zwar flächendeckend Apotheken in der Stadt und man kann
in den Apotheken rund um den
Newski Prospekt auch Arzneimit-
telimporte bekommen, aber es
ist nicht jederzeit jedes Medika-
ment verfügbar. Eine eigene Rei-
seapotheke ist am sinnvollsten
und sollte regelmäßig benötigte
Medikamente, Kohletabletten,
Wund- und Heilsalbe, Pflaster,
Schmerzmittel etc. enthalten.
Für größere Mengen bestimm-
ter Medikamente ist es besser,
einen entsprechenden Nachweis
des behandelnden Arztes für den
Zoll mitzuführen. Es gelten stren-
ge Betäubungsmittelvorschriften
unter die in Deutschland übli-
che Psychopharmaka und einige
Schmerzmittel fallen.
Obwohl keine Schutzimpfun-
gen vorgeschrieben sind, sollten
Sie den vollständigen Schutz gegen Tetanus, Polio und Diphtherie
kontrollieren. Eine Hepatitis-A-
Impfung ist empfehlenswert.
Für Notfälle gibt es in St. Petersburg gute Krankenhäuser
mit modernster westlicher Ausstattung. Die medizinische Ver-
sorgung ist für zahlungsfähige
Patienten auch in einfacheren
Krankenhäusern mit Sowjetzeit-
Ambiente sehr gut. Die Ärzte
sind – auch im internationalen
Vergleich – bestens ausgebildet.

**Ambulanz-Notruf (Skoraja
Pomoschtsch)**
© 03 (von jedem Telefon)

American Medical Clinic ➡ aE2
Nabareschnaja Reki Mojki 78
Metro Sennaja Ploschtschad, Sa-
dowaja
© (812) 140 20 90
Tägl. 24 Stunden
Ambulante medizinische Versor-
gung.

**Medizinisches Zentrum »Ad-
miraltejskije Werfi«** ➡ J2
Sadowaja Uliza 126, Metro Sennaja Ploschtschad, Sadowaja
© (812) 113 73 22, 113 68 36,
113 61 48

Die gut und neu ausgestattete Poliklinik gilt als Geheimtipp. Der zahlende Patient, gern auch mit Kreditkarte, sollte russisch sprechen oder einen Dolmetscher mitnehmen. Zu zivilen Preisen erhält man kompetente Behandlung.

Euromed ➜ F10
Suworowski Prospekt 60, Metro Wladimirskaja, Dostojewskaja
℃ (812) 327 03 01
Solide Praxisgemeinschaft mit einer kleinen Anzahl an Betten, es wird Englisch gesprochen.

MEDEM (International Clinic) ➜ H7
Uliza Marata 6
℃ (812) 336 33 33
Neue Klinik mit gutem Ruf, es wird Englisch gesprochen und Rechnungen werden auch in deutscher Sprache erstellt.

Poliklinik Nr. 2 (»Poliklinischer Komplex«) ➜ J5
Moskowski Prospekt 22, Metro Technologitscheski Institut
℃ (812) 2923877, für Ausländer:
℃ (812) 110 11 02
Die so genannte Ausländerklinik ist sehr zu empfehlen und ist für Notfälle bestens ausgestattet; einige Ärzte sprechen Deutsch. Als

Ausländer zahlt man den dreifachen Preis. Man kann seine Rechnung mit Kreditkarte bezahlen.

Zahnklinik MEDI ➜ F8
Newski Prospekt 82
℃ (812) 324 00 00
Hier werden Zahnbehandlungen, die allerhöchsten Ansprüchen genügen und 30–50% unter den Kosten einer Behandlung in Deutschland liegen, durchgeführt. Man kann die Rechnung auch auf Deutsch bekommen.

Notfälle, wichtige Rufnummern

Feuerwehr: ℃ 01
Polizei: ℃ 02
Ambulanz: ℃ 03
Polizeirufnummer für Touristen:
℃ (812) 764 97 87
Sperr-Notruf für ec-/Kreditkarten/Handys: ℃ 810 49 11 61 16
Notrufnummer des Konsulats:
℃ 799 64 55 48 21

Post, Briefmarken

Luftpost von St. Petersburg dauert nach Mitteleuropa etwa 10 Tage. Um sicher zu gehen, dass

Der Kusnetschny Rynok ist der sauberste und bestsortierte Markt der Stadt

die Post auch wirklich ankommt, empfiehlt sich die Verschickung per Einschreiben.

Da sich die Postgebühren oft ändern, erkundigt man sich am besten im Hotel oder beim Hauptpostamt nach dem aktuellen Stand.

Für auswärtige Post verwendet man den blauen Briefkasten und für innerrussische den roten.

Hauptpostamt ➡ aE1
Potschtamtskaja Uliza 9, Nähe Isaaksplatz
Mo–Sa 9–20, So 10–18 Uhr.

Presse, Stadtmagazine

St. Petersburger Zeitung – Erscheint monatlich und ist ein zweisprachiges, 24-seitiges Blatt. Richtet sich an Touristen, Geschäftsleute, Russlanddeutsche und deutschsprachige Russen. Das als Info-Beilage erscheinende *Petersburg-Journal* hat einen Serviceteil, Veranstaltungshinweise und kulturelle Tipps (www.spz.aktuell.ru).

Die beliebteste Tageszeitung der Petersburger ist die *Schtschas Pik*. Es handelt sich um ein Blatt mit demokratischen und liberalen Anschauungen.

The St. Petersburg Times – Die Zeitung ist kostenlos und liegt in vielen Hotels und Restaurants aus. Sie erscheint dienstags und freitags in englischer Sprache und beinhaltet Aktuelles, vor allem Stadtnachrichten, internationale Politik und Wirtschaft. Unter www.sptimes.ru findet sich die Homepage der St. Petersburg Times; sie informiert immer freitags für die darauf folgende Woche über die Musik- und Clubszene, sowie das aktuelle Wetter.

Pulse – Erscheint monatlich einmal auf Russisch und informiert über Veranstaltungen, Tipps und Trends. Unter www.pulse.ru ist die Internetseite des Stadtmagazins auf Englisch zu finden.

www.russland.ru – Internet-Zeitung in deutscher Sprache. Infos nicht nur über Russland, sondern auch Hotels, Restaurants, Veranstaltungen und das Wetter in St. Petersburg.

Die *Moscow Tribune* ist eine kostenlose Wochenzeitung. Die *Moscow News* erlangte in den 1980er-Jahren weltweite Berühmtheit als Sprachrohr der Perestroika und erscheint auf Russisch und Englisch. Beide berichten über Politik, Kultur und Wirtschaft in Russland.

Internationale und deutschsprachige Zeitungen erhält man in großen Hotels und im **Haus des Buches** ➡ aD5 (Dom Knigi, im ehemaligen Singer-Haus am Newski Prospekt.

Rauchen

Nach eigenen Angaben rauchen in Russland 65 % der Männer und etwa 30 % der Frauen. Zwar gibt es ein Gesetz zur Beschränkung des Tabakkonsums, es wird jedoch nur unzureichend umgesetzt. So ist Rauchen am Arbeitsplatz, in öffentlichen Verkehrsmitteln, in Flugzeugen, geschlossenen Sportanlagen und in der staatlichen Verwaltung verboten. Doch selbst in den sogenannten »Verbotszonen« wie Bahnhöfen und Flughäfen gibt es fast überall Raucherbereiche.

Sicherheit

Die Kriminalität in St. Petersburg ist kaum größer als in jeder anderen Weltmetropole. Vor Taschendieben muss man sich trotzdem in Acht nehmen, vor allem an hektischen und menschenüberfüllten Orten wie der Metro, überfüllten Straßen und im Gedränge vor Sehenswürdigkeiten. An der Metrostation Gostini Dwor/Newski Propekt ist besondere Vorsicht geboten, da es dort Banden gibt, die sich auf Taschendiebstahl spezialisiert haben. Am besten ist es, die Wertsachen im Hotelsafe zu lassen. Vermeiden Sie generell, allein nachts auf abgelegenen, wenig beleuchtenden Straßen unterwegs zu sein oder gar in entfernten Bezirken. Das ist ein mögliches Sicherheitsrisiko!

In Clubs kann nichts passieren, denn die meisten sind mit gutem Sicherheitspersonal ausgerüstet. Am besten lässt man sich abholen oder fährt mit dem Taxi.

Gepäck sollte nicht unbeaufsichtigt gelassen werden, aber entgegen sich hartnäckig haltender Gerüchte interessiert sich die Mafia nicht für Touristen! Um den Ruf der Stadt zusätzlich zu bessern und für Ausländer den Aufenthalt noch sicherer zu machen, hat man in St. Petersburg als schnelle und zuverlässige Hilfe im Notfall eine **Polizeirufnummer für Touristen** eingeführt: ℂ (812) 764 97 87.

Sightseeing, Touren

Per Schiff auf der Newa

Vermutlich lassen sich die Petersburger Architektur-Highlights am intensivsten bei einem schönen Stadtrundgang zu Fuß erschließen.

Das Besondere an St. Petersburg ist aber, dass die Stadt aus über 100 Inseln besteht, die durch eine Vielzahl von Kanälen und Flüssen vernetzt sind. Das dadurch fast allgegenwärtige Wasser erinnert an Venedig oder Amsterdam. St. Petersburg ist daher eine der Städte mit den meisten Brücken auf der Welt, 315 davon befinden sich unmittelbar im Stadtgebiet. Kombiniert mit den grandiosen Baudenkmälern entstanden spannende visuelle Kompositionen, die bei Sonnenschein erst richtig zur Geltung kommen. Auf romantische und bequeme Weise kann man bei einer Bootstour auf der Newa und ihren Seitenarmen die Stadt aus einer ganz anderen Perspektive erleben.

Direkt neben dem Anitschkow-Palast an der Anitschkow-Brücke befindet sich an der Fontanka ein zentral gelegener Schiffsanlegeplatz für **Fahrten auf der Newa und ihren Kanälen** ⮕ aD7. Die Bootsfahrt-Saison reicht von Mai bis Oktober. Boote können Sie aber auch fast überall dort finden, wo der Newski Prospekt einen Kanal kreuzt. Die Standard-Touren dauern etwa eine Stunde. Die Boote legen meist ab Mittag halbstündlich ab. Ein Fremdenführer gibt Infos während der Fahrt – allerdings nur in Russisch.

Mit dem Boot auf der Newa und ihren Seitenarmen geht es entlang an prachtvollen Palästen und Kathedralen

Stadtrundfahrten sind am besten im Hotel zu buchen oder über folgende Büros:

Reisebüro Mariarose ➜ G9
Ligowski Prospekt 73, City Center
✆ (812) 572 18 18
www.mariarosetours.com
Mo–Fr 10–19 Uhr

Touristeninformation ➜ F9
Newski Prospekt 105
✆ (812) 327 34 16

Ost-West-Service ➜ G10
Uliza Majakowskowo 7
✆ (812) 327 34 16
www.ostwest.com
Organisierte Stadtrundfahrten, Ausflüge, Bootsfahrten auf der Newa und Theatertickets.

Strom

Die Stromstärke beträgt üblicherweise 220 Volt Wechselspannung. Es wird allerdings ein Adapter benötigt, da Schukostecker nicht in die Steckdose passen.

Telefonieren

Alle russischen Telefone sind ans Auslandsnetz angeschlossen. Nicht immer kann man vom Hotelzimmer durchwählen. Häufig müssen gerade Ferngespräche noch vermittelt werden. Das ist kompliziert und sehr kostspielig. Es ist preisgünstiger, Ferngespräche im **Zentralen Telefonamt** in der Uliza Bolschaja Morskaja 3/5 zu führen.

Ortsgespräche im St. Petersburger Festnetz sind kostenlos. Die Telefonkosten für ein Gespräch von St. Peterburg nach Westeuropa betragen etwa € 0,60 pro Minute. Ferngespräche von Deutschland nach St. Petersburg sind deutlich günstiger, vor allem, wenn Sie vorher noch die Nummer eines Billiganbieters wählen.

Vorwahlen:
St. Petersburg: ✆ +7- 812
In St. Petersburg: ✆ 812
Deutschland: ✆ 8-10 49
Österreich: ✆ 8-10 43
Schweiz: ✆ 8-10 41
Nach dem Wählen der Ziffer 8 muss das Freizeichen abgewartet werden, dann 10 49 für Deutschland wählen.

Für öffentliche Telefone der Stadt benötigt man eine Telefonkarte. Man kann sie auf der Post und in vielen (Zeitungs-) Kiosken kaufen. Die öffentlichen Telefone in der Metro kann man im Notfall auch mit Metro-Münzen nutzen. Das gilt nicht für Auslandsgespräche!

Telefonate mit dem Handy sind leider immer noch viel zu teuer. Mit einem unserer Handynetze kostet die Minute von St. Petersburg nach Deutschland tagsüber € 2–3. Wird man aus Deutschland angerufen, kostet das noch stolze € 1–2.

Trinkgeld

In vielen Hotels und Restaurants ist ein Bedienungsobolus inbegriffen. Ansonsten sind 10–15 % der Rechnungssumme angemessen.

Verkehrsmittel

Das Benutzen öffentlicher Verkehrsmittel ist ausgesprochen günstig. Das innerstädtische Verkehrsnetz ist flächendeckend und gut ausgebaut.

Metro
Die Metro ist das schnellste und billigste Transportmittel der Stadt (5.45–24 Uhr in Betrieb). St. Petersburg hat ein weit verzweigtes Metronetz und auf einen Zug muss man selten mehr als drei Minuten warten. Eine Fahrt kostet 22 Rubel. Um Zugang zur Metro zu haben, müssen Jetons gekauft

Neben Moskau hat St. Petersburg die schönsten **Metrostationen** der Welt. Ihr Besuch ist ein grandioses Erlebnis, eine Welt prunkvoller Paläste. Jede Station hat ihren eigenen Stil; einige sind im Zuckerbäckerstil der Stalinzeit. Obgleich sie täglich von mehr als einer Million Fahrgästen benutzt werden, konnte ihr Glanz bis heute bewahrt werden. Die schönsten Beispiele sind **Kirowski Sawod** (nicht auf dem Stadtplan, siehe Metro-Plan) und **Ploschtschad Wsanija** (F9) auf der Linie 1. Achtung: Fotografieren leider verboten. Als Strafe droht eine Geldbuße von 100 Rubel.

und am Drehkreuz vor der Rolltreppe in einen Schlitz eingeworfen werden. Man kann dann so lange mit der Metro fahren und die Linien wechseln, wie man will. Die Münzen sind so lange gültig, bis man das U-Bahn-System wieder verlässt. Der Metroplan ist leicht verständlich und überall zu finden. Speziell ausgewiesene Plätze für Behinderte und Schwangere sollten auch wirklich für diese frei gehalten werden – das nehmen Russen sehr genau!

Besonders schön sind die Metrostationen der Linie 1 zwischen Kirowski Sawod und Ploschdschad Wosstanija.

Beeindruckend sind die langen Rolltreppen, die in die Tiefe führen. Um Eilige nicht zu behindern, stellt man sich rechtsseitig hin. Die St. Petersburger nutzen den Augenblick des Innehaltens oft zum Lesen.

In der Petersburger Metro darf nicht fotografiert werden. Die Stadt begründet das mit dem »Zivilschutzcharakter« der Anlagen. Wer sich erwischen lässt, zahlt 100 RUB.

Straßenbahn
Mittlerweile gibt es nur noch einige wenige Straßenbahnen. Die Tickets sind die gleichen wie für den Bus.

Bus
Es gibt ganz normale und auch Trolleybusse (mit einem Bügel, um Strom aus einer Oberleitung zu bekommen). Fahrkarten (17 RUB pro Fahrt) kauft man beim Schaffner, am Zeitungskiosk, an der Haltestelle oder am Schalter einer der Metrostationen.

Taxi
Die meisten Taxis haben kein Taxameter. Von Touristen wird in der Regel ein »Spezialtarif« verlangt! Auf jeden Fall sollte der Preis vor der Fahrt ausgehandelt werden, das schützt vor Ärger beim Bezahlen. Besonders bei Taxis, die vor Hotels losfahren, ist mit völlig überhöhten Preisen zu rechnen. Ein freies Taxi erkennt man an einer grünen Lampe in der Windschutzscheibe.

Sammeltaxi (Marschrutnoe Taxi)
Davon sind in St. Petersburg viele unterwegs. Sie haben keine festen Haltestellen. Man stellt sich an die Straße und gibt Handzeichen. Im Handumdrehen halten dann auch Privatautos an, deren Fahrer ihre Dienste anbieten. Das ist in St. Petersburg durchaus üblich. Handeln Sie den Preis aus und es kann losgehen. Wenn sich mehr Personen als der Fahrer im Fahrzeug befinden, sollten Sie vorsichtshalber nicht mitfahren.

Auto, Motorrad
Selbst fahren ist in St. Petersburg nicht zu empfehlen. Der Verkehr im Zentrum ist dicht, die Regeln mehr als undurchsichtig und Polizisten dürfen einen jederzeit anhalten und Bußgeld kassieren – natürlich bar. Wer sich verweigert, muss im schlimmsten Fall be-

fürchten, mit einem Gewehrlauf Bekanntschaft zu machen!

Die Höchstgeschwindigkeit beträgt innerorts 50 km/h, außerorts 90 km/h. Die Promillegrenze liegt klar und deutlich bei 0,0.

Zeitzone

St. Petersburg ist Deutschland um zwei Stunden voraus, es gilt also Mitteleuropäische Zeit MEZ plus zwei Stunden.

Zoll

Beträge bis zu 10 000 US-Dollar können ohne Deklarierung einführt werden. Frei ausführen darf man Beträge bis zu 3000 US-Dollar. Bei größeren Summen muss deren Herkunft nachgewiesen werden. Die Gepäckkontrollen sind in der Regel lasch, bei Devisen schauen die Zöllner aber etwas genauer nach. Am besten trägt man Wertgegenstände (z.B. Schmuck, Computer oder Kamera) bei Einreise in ein Zollformular ein und lässt dieses von den Zollbeamten abstempeln. Dann hat man bei der Ausreise keine Probleme.

Ausfuhr von Antiquitäten und Kunstgegenständen aus der Zeit vor 1945, insbesondere von Ikonen, ist grundsätzlich nur mit einer Genehmigung des Kulturministeriums erlaubt. Auskunft: Ministerium für Kultur, Kitajgorodskij projesd 7, Zimmer

Russische Militäruhr mit dem Konterfei Stalins

103, Metro Kitaj-Gorod, ✆ (812) 925 11 95 oder (812) 928 50 89.

Zollfrei ein- und ausgeführt werden dürfen: 200 Zigaretten, 250 g Tabak oder 50 Zigarren, 1 l Spirituosen über 22% oder 2 l Sekt oder Wein unter 22%, 280 g Kaviar, 100 g Tee, 500 g Kaffee, 50 g Parfüm, 0,25 l Eau de Toilette und Geschenke bis zu € 175.

Bei der Einreise muss eine Zollerklärung ausgefüllt werden, die man bei der Ausreise wieder vorlegt. Die Formulare findet man auf Stehtischen an der Passkontrolle des Flughafens. Angegeben werden alle mitgeführten Devisen (über 10 000 US$), Wertsachen und Edelmetalle.

Ein **Einfuhrverbot** besteht generell für: Waffen, Drogen, Rubel, Pornografie und sonstige unmoralische Produkte, Tiere, Fotografien und Printmedien, die sich gegen die Russische Föderation richten.

Aktuell informiert das Auswärtige Amt: www.auswaertiges-amt.de. ◾

Während der »Weißen Nächte« beginnt die Dämmerung erst kurz vor Mitternacht

Sprachführer

Russisch gehört zur Gruppe der ostslawischen Sprachen und wird von etwa 145 Millionen Menschen als Muttersprache gesprochen, zählt man die Zweitsprachler dazu, so sind es etwa 255 Millionen Russisch-sprechende. In touristisch frequentierten Gebieten, in Hotels, Museen usw. wird meist englisch gesprochen; traditionell ist auch Deutsch als Fremdsprache beliebt. Auf dem Land ist die Verständigung schwierig.

Um sich unterwegs zurechtzufinden, sollte man sich mit dem russischen Alphabet ein wenig vertraut machen denn Straßen und Bahnhöfe sind ausschließlich kyrillisch beschildert.

In der nachfolgenden Tabelle finden Sie das kyrillische Alphabet und die deutsche Transkription. In internationalen Publikationen so wie auch in dem beigefügten Stadtplan wird die englische Transkription verwendet, die in einigen Fällen von der deutschen abweicht (vgl. Angabe in Klammern):

Buchstabe	Transkription deutsch (engl.)		
А	A	О	O
Б	B	П	P
В	W (V)	Р	R
Г	G	С	S
Д	D	Т	T
Е	E/Je (Ye)	У	U
Ё	Jo (Yo)	Ф	F
Ж	Sch/Sh (Zh)	Х	Ch (Kh)
З	S (Z)	Ц	Z (Ts)
И	I	Ч	Tsch (Ch)
Й	J (Y)	Ш	Sch (Sh)
К	K	Щ	Schtsch (Shch)
Л	L	Ъ	(-)
М	M	Ы	Y
Н	N	Ь	(-) J (Y)
		Э	E Ю Ju (Yu)
		Я	Ja (Ya)

Alltag, Umgangsformen

ja	– да	– da
nein	– нет	– njet
Guten Morgen!	– Доброе утро!	– Dóbroje útro!
Guten Tag!	– Добрый день!	– Dóbry djen!
Guten Abend!	– Добрый вечер!	– Dóbry wétscher!
Gute Nacht!	– Спокойной ночи!	– Spokójnoj nótschi!
Hallo! Grüß dich!	– Здравствуйте!	– Sdráwstwujtje!
Auf Wiedersehen!	– До свидания!	– Do swidánja!
Tschüss!	– Пока!	– Poká!
Danke!	– Спасибо!	– Spassíbo!
Bitte.	– Пожалуйста.	– Poschálsta.
Schade!	– Жаль!	– Schál!
Prost!	– На здоровье!	– Na sdarówje!
Guten Appetit!	– Приятного аппетита!	– Prijátnowo appetíta!
Entschuldigen Sie!	– Извините!	– Iswinítje!

Sprechen Sie Deutsch?	– Говорите по-немецки?	– Goworítje po-nemjétzki?
Sprechen Sie Englisch?	– Говорите по-английски?	– Goworítje po-anglíjski?
Ich habe Sie nicht verstanden.	– Я вас не понял (m).	– Ja was nje pónjal.
Wie bitte?	– Что Вы сказали?	– Schto wy skasáli?
Können Sie mir bitte helfen?	– Можете-ли Вы мне помогать?	– Móschetje li wy mnje pomogátch?
Ich komme aus Deutschland	– Я приехал/а из Германии.	– Ja prijéchal/a is germánii.
Ich heiße...	– Меня зовут…	– Menjá sowút …
Ich möchte gerne...	– Мне хочется …	– Mnje chótschetsja …

Medizinische Versorgung

Hilfe!	– Помогите!	– Pomogítje!
Arzt	– врач	– wrátsch
Zahnarzt	– зубной врач	– subnój wrátsch
Krankenhaus	– больница	– bolnítza
Apotheke	– аптека	– aptéka
Rufen Sie einen Arzt.	– Пригласите врача, пожалуйста!	– Priglasítje wratschá poschálsta!
Rufen Sie einen Krankenwagen	– Санитарную автомашины, пожалуйста!	– Sanitárnuju avtomaschínuj, poschálsta!
Ich habe hier Schmerzen.	– У меня болит здесь…	– U menjá balít sdjés …!
Ich habe Durchfall.	– У меня понос.	– U menjá pónos.

Orientierung, Post, Bank

Wo ist?	– Где …	– Gdje…
Bank	– банк	– bank
Geldautomat	– банкомат	– bankomát
Kaufhaus	– универмаг	– uniwermág
Lebensmittelgeschäft	– продовольственный магазин/супермаркт	– prodowólstwennyj magasín/supermarkt
Bäckerei	– булачная	– búlotschnaja
Postamt	– почтамт	– potschtámt
Briefmarke	– почтовая марка	– potschtówaja márka
Postkarte	– открытка	– otkrýtka
Briefkasten	– почтовый ящик	– potschtówyj jaschtschik

Einkaufen

Ich hätte gern?	– Я хотел/а-бы …	– Ja chotjél/a-by…
Wie viel?	– Сколько?	– Skólko?
Was kostet es?	– Сколько это стоит?	– Skólko eto stóit?
billig	– дежёвый	– djeschjówyj
teuer	– дорогой	– dorogój
geöffnet	– открыто	– otkrýto
geschlossen	– закрыто	– sakrýto
Eingang	– вход	– wchód
Ausgang	– выход	– wychód

Wochentage, Zeit

Montag	– *понедельник*	– ponedjélnik
Dienstag	– *вторник*	– wtórnik
Mittwoch	– *среда*	– srjedá
Donnerstag	– *четверг*	– tschetwérg
Freitag	– *пятница*	– pjátnitza
Samstag	– *суббота*	– subóta
Sonntag	– *воскресенье*	– woskresénje
heute	– *сегодня*	– sewódnja
morgen	– *завтра*	– sáwtra
gestern	– *вчера*	– wtscherá
jetzt	– *сейчас*	– sejtschás

Sehenswertes, Geografische Begriffe

Platz	– *площадь*	– plóschtschad
Brücke	– *мост*	– móst
Gebäude	– *здание*	– sdánije
Haus	– *дом*	– dóm
Kirche	– *церковь*	– zérkow
Gottesdienst	– *богослужение*	– bógosluschénije
Schloss, Burg	– *замок*	– sámok
Theater	– *театр*	– teátr
Museum	– *музей*	– muséj
Ausstellung	– *выставка*	– wýstawka
Besichtigung	– *осмотр*	– osmótr
Altstadt	– *старая часть города*	– stáraja tschást góroda
Stadtzentrum	– *центр города*	– zentr góroda
Fluss	– *река*	– rjeká
Stadt	– *город*	– górod
Straße	– *улица*	– úliza
Stadtrundfahrt	– *экскурсия по городу*	– ekskúrsija po górodu
Stadtplan	– *план города*	– plan góroda

Zahlen

0	– *ноль*	– nol
1	– *один (m) одна (f) одно (n)*	– odín, odná, odnó
2	– *два (m, n) две (f)*	– dwa, dwje
3	– *три*	– tri
4	– *четыре*	– tschetýrje
5	– *пять*	– pjat
6	– *шесть*	– schest
7	– *семь*	– sjem
8	– *восемь*	– wósjem
9	– *девять*	– déwjat
10	– *десять*	– désjat
11	– *одиннадцать*	– odínnadzat
12	– *двенадцать*	– dwenádzat
13	– *тринадцать*	– trinádzat
14	– *четырнадцать*	– tschetýrnadzat
15	– *пятнадцать*	– pjatnádzat

16	– шестнадцать	– schestnádzat
17	– семнадцать	– sjemnádzat
18	– восемнадцать	– wosjemnádzat
19	– девятнадцать	– dewjatnádzat
20	– двадцать	– dwádzat
21	– двадцать один (m)	– dwádzat odín
	одна (f)	
30	– тридцать	– trídzat
40	– сорок	– sórok
50	– пятьдесят	– pjatdesjat
60	– шестьдесят	– schéstdesjat
70	– семьдесят	– sémdesjat
80	– восемьдесят	– wósjemdesjat
90	– девяносто	– dewjanósto
100	– сто	– stó
200	– двести	– dwésti
1000	– тысяча	– týsjatscha

Unterwegs

Wo?	– Где?	– Gdje?
Wie weit?	– Как далеко?	– Kak dalekó?
Autobus	– автобус	– awtóbus
Straßenbahn	– трамвай	– tramwáj
Taxi	– такси	– taksi
Zug	– поезд	– pójesd
Bahnhof	– вокзал	– woksál
Abfahrt	– отправление	– otprawljénije
Ankunft	– прибытие	– pribýtije
aussteigen	– выходить	– wychóditj
umsteigen	– переходить	– perechóditj
Tankstelle	– бензопункт	– bensopunkt
Polizei	– полиция	– polítzija
weit	– далеко	– dalekó
nah	– близко	– blísko
nach rechts	– направо	– na práwo
nach links	– налево	– na ljéwo
geradeaus	– прямо	– prjámo
Flughafen	– аэропорт	– aeroport
Haltestelle	– остановка	– ostanówka
(Bus/Straßenbahn)	– станция	– stánzija (Metro)
Taxistand	– стоянка такси	– stojánka taksi
Brücke	– мост	– most
Straße	– улица	– úliza
Geschäft	– магазин	– magasín
Ticket	– билет	– biljét
Geld	– деньги	– djéngi
Rechnung	– счёт	– stschjot

Hotel und Restaurant

Hotel	– гостиница/отель	– gostínitza/otjél
Zimmer	– номер	– nómer

Deutsch	Russisch	Aussprache
Was kostet das Zimmer?	– *Сколько стоит этот номе?*	– Skólka stóit etot nómer?
Bett	– *кровать*	– krowátj
Bad	– *ванная*	– wannaja
Schlüssel	– *ключ*	– kljutsch
Doppelzimmer	– *комната на двоих*	– kómnata na dwoích
mit Dusche/Bad	– *с душом/ванной*	– s dúschom/wánnoj
Frühstück	– *завтрак*	– sáwtrak
Mittagessen	– *обед*	– objéd
Abendessen	– *ужин*	– úschin
Restaurant	– *ресторан*	– restoran
Kellner	– *официант*	– ofiziánt
Speisekarte	– *меню*	– menjú
Die Speisekarte bitte!	– *Меню, пожалуйста!*	– Menju, poschálsta!
Ich bin Vegetarier/in.	– *Я вегетарианец/ вегетарианца.*	– ja vegetariánjez/ vegetarianza
Die Rechnung bitte!	– *Счёт, пожалуйста!*	– Schtschjot, poschálsta!
Trinkgeld	– *чаевые*	– tschájewyje
Ich nehme…	– *Я возму…*	– Ja wasmú
Butter	– *масло*	– máslo
Brot	– *хлеб*	– chleb
Suppe	– *суп*	– sup
Fisch	– *рыба*	– rýba
Vorspeise	– *закуска*	– sakúska
Hauptgericht	– *главная еда*	– gláwnaja jedá
Nachtisch	– *десерт*	– desért
Gemüse	– *овощи*	– ówoschtschi
Obst	– *фрукты*	– frúkty
Speiseeis	– *мороженое*	– moróschenoje
Kuchen	– *пирожное*	– piróschnoje
Mineralwasser	– *вода*	– wadá
Saft	– *сок*	– sok
Bier	– *пиво*	– píwo
Rotwein	– *красное вино*	– krásnoje winó
Weißwein	– *белое вино*	– bjéloje winó
Kaffee	– *кофе*	– kófe
Tee	– *чай*	– tschaj
Milch	– *молоко*	– molokó
Zucker	– *сахар*	– sáchar
Salz	– *соль*	– sol
Pfeffer	– *перец*	– pérez
Fleisch	– *мясо*	– mjáso
Pilze	– *грибы*	– gríby
Zwiebel	– *лук*	– lúk
Käse	– *сыр*	– syr
Kotelett	– *котлет(к)а*	– kotljét(k)a
Spiegeleier	– *яйчница-глазунья*	– jaitschniza-glasúnja
Ist dieser Platz noch frei?	– *Это место свободно?*	– Éto mjésto swobódno?
Wo sind die Toiletten?	– *Где находятся туалеты?*	– Gdje nachodjatsja tualety?
Damen	– *женщины*	– schénschtschiny
Herren	– *мужщины*	– múschtschiny

Schlosskirche von Peterhof ▷

Die **fetten** Seitenzahlen verweisen auf ausführliche Erwähnungen, *kursiv* gesetzte Begriffe bzw. Seitenzahlen beziehen sich auf den Service.

Go Vista

CITY & INFO GUIDES
Setzen Sie auf die richtige Karte

Bildnachweis

E.ON Ruhrgas AG, Essen: S. 71
Hotel Astoria, St Petersburg: S. 53
iStockphoto/Cornel Stefan Achirei:
S. 35 o.; Anna Bakulina: S. 67; Adrian
Beesley: S. 24 o., 32, 66; Eric Brown-
stone: S. 19; Dainis Derics: S. 42; EeX:
S.50; Andrey_Ivanov: S. 3 o. r., 73; Rus-
lan Kerimov: S. 59; Mikhail Khromov:
S. 51; Mikhail Kokhanchikov: S. 31
o.; Vladimir Kolobov: S. 2 o. l., 11 u.;
Ekaterina Krasnikova: S. 75; Svetlana
Kuznetsova: S. 15; Leoaleks: S. 40 o.;
Andrei Männik: S. 47; Rusm: S. 18; Irving
N Saperstein: S. 37; Selfiy: S. 3 u.; Dennis
Sennikovski: S. 13 o.; Natalia Siverina:
S. 91; WorldWideImages: S. 46; Yarygin:
S. 2 o. Mitte, 14 o.
Gerold Jung, Ottobrunn: Schmutztitel
(S. 1), S. 2 o. r., 3 o. l., 3 o. Mitte, 4/5,
6 u., 13 u., 16, 21, 24 u., 25, 27, 29, 31 u.,
43, 45, 48, 49, 55, 57, 61, 64 u., 77, 80,
82, 85 u.
Julius Silver, Wien: S. 6 o., 40 u.
Pia Thauwald, Wetzlar: S. 10, 62 o., 78
Vista Point Verlag (Archiv), Köln: S. 8,
11 o., 12, 14 u., 20 o., 20 u., 22, 23 o.,
23 u., 26, 28, 30, 33, 34, 35 u., 38, 39,
44, 64 o., 69 o., 69 u., 70, 79
Wikipedia/Yair Haklai: S. 60, 62 u.
www.pixelquelle.de: S. 17, 41, 65, 68, 85 o.

Schmutztitel (S. 1): Eingangstor zum Katharinenpalast in Puschkin
Seite 2/3 (v. l. n. r.): Isaakskathedrale, Pferdekutschen am Eremitage-Kai, Kaskade der Schlossanlage Peterhof, Schlosskirche des Katharinenpalastes, Newski prospekt mit Christi-Auferstehungskirche, Schlossbrücke, der Komplex der Eremitage (S. 3 u.)
Seite 6: Christi-Auferstehungskirche am Gribojedow-Kanal (S. 6 o.), der ehemalige Winterpalast (heutige Eremitage, S. 6 u.)

Danksagung

Ein großer Dank an Manuela Mecklenburg für die unkomplizierte und prompte Hilfe und Dr. Achim Opel für die ständige Begleitung und Motivationsarbeit.
Euch, liebe Annelies Falk und liebe Käthe Thauwald, wünsche ich eine gute Reise, wo immer ihr auch seid und habt Dank für alles.
Pia Thauwald

© 2011 Vista Point Verlag, Köln
Alle Rechte vorbehalten
Verlegerische Leitung: Andreas Schulz
Reihenkonzeption: Vista Point-Team
Bildredaktion: Andrea Herfurth-Schindler
Textredaktion: Kristina Linke
Lektorat: Christiane Mahlberg
Layout und Herstellung: Kerstin Hülsebusch-Pfau, Birgit Stolte
Reproduktionen: Henning Rohm, Köln
© Kartographie: Kartographie Huber, München
Gedruckt auf chlorfrei gebleichtem Papier

ISBN 978-3-86871-567-5

An unsere Leser!
Die Informationen dieses Buches wurden gewissenhaft recherchiert und von der Verlagsredaktion sorgfältig überprüft. Nichtsdestoweniger sind inhaltliche Fehler nicht immer zu vermeiden. Für Ihre Korrekturen und Ergänzungsvorschläge sind wir daher dankbar.

VISTA POINT VERLAG
Händelstr. 25–29 · 50674 Köln · Postfach 270572 · 50511 Köln
Telefon: 02 21/92 16 13-0 · Fax: 02 21/92 16 13-14
www.vistapoint.de · info@vistapoint.de